H.-L. JAMMES

Ancien directeur de l'École royale cambodgienne de Pnompenh,
Rédacteur en chef du *Courrier de Saïgon*.

———✧———

Souvenirs
du Pays
d'Annam

PARIS

AUGUSTIN CHALLAMEL, ÉDITEUR

17, RUE JACOB

—

1900

SOUVENIRS

D U

PAYS D'ANNAM

Douze exemplaires numérotés ont été tirés sur papier de Hollande de Van Gelder.

MÂCON, PROTAT FRÈRES, IMPRIMEURS

H.-L. JAMMES

Ancien directeur de l'École royale cambodgienne de Pnompenh,
Rédacteur en chef du *Courrier de Saïgon*.

——✥——

Souvenirs du Pays d'Annam

PARIS

Augustin CHALLAMEL, Éditeur

17, RUE JACOB

——

1900

SOUVENIRS

DU

PAYS D'ANNAM

I

LA CONQUÊTE DE LA COCHINCHINE

Pourquoi nous sommes venus en Indo-Chine. — Les
desseins de Napoléon III. — Comment nous avons
failli abandonner notre conquête. — Le rôle de l'impératrice Eugénie. — La soirée des Tuileries. — L'idée
religieuse.

L'Empereur recevait, ce soir-là, aux Tuileries. Dans la grande cour d'honneur,
trempée de pluie, de cette pluie glaciale
mêlée de neige qui rend si désagréables nos
févriers parisiens, s'arrêtaient de somptueux

N. B. — L'auteur de ce livre tient ces renseignements
d'un témoin oculaire, son compatriote, aujourd'hui disparu, vaillant marin qui, dans de hautes situations, a rendu
de signalés services à la cause coloniale de la France.
L'amiral J... a laissé, paraît-il, d'intéressants mémoires
que nous serons heureux de voir publier un jour.

équipages, des coupés riches et armoriés, réfléchissant sur leurs dômes polis comme des marbres, la lumière des réverbères ruisselant, sous cette fine averse, de gouttelettes de cristal...

Ce n'était pas une réception de gala, mais une soirée intime, comme en donnait souvent aux familiers de l'Empire Sa Majesté Napoléon III.

De deux voitures se suivant de très près, deux groupes descendirent : deux amiraux en tenue ordinaire, un prélat en robe rouge et un général d'état-major.

Tandis que les huissiers du palais impérial recevaient les personnages sous le péristyle vitré du grand escalier de marbre, les deux groupes se rapprochèrent et quelques questions intimes coururent timidement entre eux.

Que pouvait donc vouloir l'Empereur pour avoir dressé cette invitation urgente? Quel événement pressant et grave motivait cet appel?

*
* *

Devant la cheminée où brûlait un réjouissant feu de bois de chêne, de nombreux invités, les yeux fixés sur une grande carte, causaient en discutant. Les nouveaux arrivés, après avoir salué l'Empereur et échangé quelques poignées de main banales, se mêlèrent discrètement à la conversation. Napoléon III, l'air pensif et soucieux, arpentait fiévreusement le salon en compagnie de l'amiral de S..., un loup de mer pour qui les côtes de Chine n'avaient plus de secret. Bien que depuis longtemps à la retraite, pour infirmités et à cause de son grand âge, le vieux marin venait souvent, mandé aux heures graves, au palais impérial, où ses conseils étaient toujours écoutés.

Les événements semblaient, en effet, d'une extrême importance. Des nouvelles arrivées depuis quelques jours annonçaient la prise de Tourane par l'amiral Rigault de Genouilly qui, après avoir détruit les ouvrages fortifiés de la rivière de *Quang-Nam*, s'était emparé de la citadelle. Un bombardement de quelques heures avait eu raison des défenseurs.

Le commandant en chef prévenait le gouvernement que pour agir sur l'esprit entêté des mandarins royaux, une diversion sur Saïgon était nécessaire. Il laissait donc le gros des forces franco-espagnoles dans la baie de Tourane et partait avec quelques navires dans la direction du *Donnaï*. L'Empereur qui ne voulait pas, à tout prix, s'éterniser en Cochinchine, et dont le but consistait simplement à terroriser la cour de Hué récalcitrante en frappant un grand coup, avait fait télégraphier ses ordres au commandant de nos forces navales et, suivant toutes prévisions, l'aviso parti du cap Saint-Jacques avait eu le temps de parcourir les 700 milles séparant la baie des cocotiers de Singapore où se trouvait, à cette époque, la plus proche station du câble électrique d'Extrême-Orient. La réponse était donc attendue avec impatience.

En effet, vers 10 heures, un huissier traversa respectueusement les groupes et remit à M. le Ministre de la marine le papier blanc du télégraphe, chargé de chiffres et de signes secrets.

Le document aussitôt traduit dans une pièce voisine par deux jeunes enseignes de vaisseau de l'État-Major, fut de nouveau tendu à Son Excellence qui, sur un ordre de l'Empereur, lut distinctement, avec un tremblement dans la voix que le plaisir rendait indéfinissable, le cablogramme suivant :

« *Ai remonté la rivière de Saïgon sans trouver de résistance jusqu'aux forts situés en avant de la citadelle, qui ont été réduits au silence par nos canonniers. Après un bombardement de deux heures et un combat acharné soutenu par l'artillerie de nos navires, les troupes impériales ont évacué la citadelle et se sont retirées en désordre dans la plaine de Saïgon.*

« La ville est prise et bien défendue. Je garde mes positions. Recevrai demain parlementaires annamites.

« Un grand nombre de chefs viennent faire leur soumission.

« Prends mes dispositions dans mes quartiers pour repousser toute attaque, en attendant renforts de l'amiral Charner. Situation bonne. Conduite des troupes alliées au-dessus de tout éloge. État sanitaire excellent. Votre Majesté peut être fière de cette conquête qui procure à la France un riche et beau pays. »

Un unanime cri partit de toutes les poitrines : Vive l'Empereur, vive la France !...

Sa Majesté prit le télégramme, le relut avec inquiétude et le froissa violemment entre ses doigts. Sur le masque impassible et soucieux de cet homme dont l'énigmatique pensée était un mystère, même pour ses amis intimes, sur ce front pensif, impé-

nétrable, un nuage sombre sembla passer.
C'en était fait. Il fallait maintenant rester en
Indo-Chine. Mais il n'avait jamais manifesté
un pareil dessein; l'amiral dépassait ses
ordres, son intention n'était pas d'acquérir
des colonies nouvelles, il ne voulait pas de
cette coûteuse et lointaine conquête, au
moment même où le rôle continental de la
France réclamait toutes les forces disponibles
sur quelque frontière envahie. Non, son rôle
se bornait simplement à châtier l'outrecui-
dante et orgueilleuse cour annamite, qui
laissait égorger nos chrétiens, nos missionnaires, et qui fermait ses territoires à nos
marchands. Il était nécessaire, à tout prix,
de se retirer avec un traité honorable, dès
que des promesses formelles auraient été
formulées par la cour d'Annam.

Avait-il donc besoin d'acquérir de nouveaux territoires quand de sombres nuages
s'amoncelaient à l'horizon, au lendemain
des guerres de Crimée et d'Italie, dont les
coûteuses dépenses pesaient encore sur
le budget de la France? Non, mille fois
non; il fallait, tout en sauvegardant l'honneur du drapeau, tenter un rapprochement
acceptable. Quelques comptoirs commerciaux sur la côte annamite devaient ample-

ment suffire à notre ambition. C'était l'heure des vastes projets, des desseins gigantesques. Suez allait tenter sa percée colossale, et qui pourrait dire quels projets fantastiques germaient encore dans la tête de cet illuminé rêveur?

*
* *

L'Impératrice Eugénie, suivie de ses dames d'honneur, venait de faire son apparition dans la salle. Elle jeta un regard rapide sur la foule silencieuse et s'enquit auprès des Ministres de l'insolite événement. Napoléon, les yeux rivés sur la carte asiatique, demandait des explications précises aux amiraux. A cette époque, les cartes de l'Indo-Chine étaient un mythe. Personne, à part quelques marins qui ne pouvaient fournir que des renseignements fort vagues, ne connaissait l'étendue de notre conquête future, le cours de ses fleuves, sa richesse, ses productions. S. E. le Cardinal Archevêque de Paris avait assisté anxieux à cette scène; il suivait avec un intérêt poignant, facile à comprendre, les phases de cette prodigieuse affaire, au cours de laquelle allaient se jouer, peut-être d'une façon irrémédiable, les destinées de ce grand pays. Il s'offrit discrètement à fournir tous les renseignements désirables, en promettant de présenter, le lendemain, au Ministre de la Marine, le Supérieur du Séminaire des Missions étrangères et plusieurs missionnaires qui avaient déjà prêché l'Évangile sur la côte d'Annam.

*
* *

Que se passa-t-il entre l'Empereur Napoléon III et l'Impératrice dont les conseils ont tant de fois pesé sur la volonté de cet homme si peu impressionnable, si fermé d'ordinaire aux influences du dehors?

Tout ce que nous savons aujourd'hui, c'est que des ordres furent rédigés, le soir même, par Napoléon, intimant son expresse volonté au commandant du corps expéditionnaire. L'heure était solennelle, un retard de quelques minutes pouvait réduire à néant le prix de tant d'efforts généreux. Dès le lendemain de la scène mémorable que nous venons de raconter, le Cardinal Archevêque de Paris se rendit au Palais des Tuileries accompagné de ses missionnaires. Reçu par l'Impératrice, le prélat fit un tableau navrant de la situation inévitable, liée intimement au retrait immédiat de nos troupes d'occupation. La Cour d'Annam poussée par les lettrés ennemis des Européens, tournerait sa haine contre les chrétiens et les missionnaires. C'était le massacre de tous les fidèles[1], la ruine définitive de nos missions, la perte irréparable de l'influence française.

Le départ de nos soldats devait être le signal d'un égorgement en masse, comme on n'en avait pas enregistré encore dans les annales sanglantes des missions. La France généreuse ne pouvait amonceler de telles ruines et assumer sur sa tête de si redoutables responsabilités, etc...

L'Impératrice Eugénie, touchée jusqu'aux larmes, promit de mettre tous ses moyens au service d'un si noble dessein. Poussée, d'un côté, par le Cardinal Archevêque de

---

1. La crainte exprimée à cette époque par le prélat se réalisa vingt-cinq ans plus tard, après les premiers engagements des troupes françaises, au début de l'expédition du Tonkin. Les lettrés de l'Annam accusaient hautement les chrétiens d'avoir toujours attiré les Européens sur ces plages. Ils organisèrent une conspiration colossale qui rappelle les sombres horreurs des vêpres siciliennes et de la Saint-Barthélemy. En moins de trois semaines, 25.000 chrétiens furent égorgés ou brûlés vivants dans leurs villages, presque toutes les églises de l'Annam détruites. Ceux qui échappèrent au massacre moururent de faim et de misère sur la côte du Phu-Yên.

Paris, qui voulait sauver les missions catholiques d'une catastrophe, et de l'autre par les amiraux partisans de l'occupation française, elle contribua puissamment à peser de toute son influence de reine et d'épouse sur les décisions de l'Empereur. La cause de l'Indo-Chine était gagnée. Napoléon, entraîné par les événements survenus à la suite de la suite de la célèbre bataille de Chi-Hoa, où nos troupes détruisirent le dernier rempart de la résistance annamite, éclairé par les sages conseils des amiraux qui voyaient poindre à l'horizon le relèvement prochain de notre expansion coloniale, résolut de fonder sur la côte cochinchinoise le domaine que nous admirons aujourd'hui. Que ceux qui ont porté quelque sévère appréciation sur le rôle joué plus tard par cette femme, se rappellent, en lisant ces lignes, qu'elle fut, à cette heure, la plus puissante instigatrice de notre riche conquête sur la terre d'Annam.

C'est d'une vulgaire idée religieuse qu'est née la fondation de notre empire asiatique; c'est autour de cette même idée, quoi qu'on en dise, que nous gravitons toujours.

« La France, a dit Napoléon III, est le seul peuple qui se batte pour une idée. »

« Une des grandes erreurs de l'âge moderne, écrit encore un savant psychologue [1], est de croire que c'est seulement dans les choses extérieures que l'âme humaine peut trouver le bonheur. Il est en nous-même, créé par nous-même et presque jamais hors de nous-même. Après avoir brisé les idéals des vieux âges, nous constatons aujourd'hui qu'il n'est pas possible de vivre sans eux et que, sous peine d'avoir à disparaître, il faut trouver le secret de les remplacer. En se plaçant exclusivement au point de vue politique, on constate que là encore l'influence des croyances religieuses est immense. Ce qui fait leur irrésistible force, c'est qu'elles constituent le seul facteur qui puisse momentanément donner à un peuple une communauté absolue d'intérêts, de sentiments et de pensées. L'esprit religieux remplace ainsi d'un seul coup ces lentes accumulations héréditaires nécessaires pour former l'âme d'une nation.

« Le peuple subjugué par une croyance ne change pas, sans doute, de constitution mentale, mais toutes ses facultés sont tournées vers un même but : le triomphe de sa

---

1. Gustave Lebon, *Évolution des Sociétés.*

croyance et, par ce seul fait, sa puissance devient formidable. »

Il suffit d'ouvrir l'histoire pour rencontrer à chaque page la preuve de cette vérité.

Tout esprit clérical et confessionnel mis de côté, il serait injuste de méconnaître, en passant, le rôle immense joué dans notre expansion en Extrême-Orient par la religion chrétienne. Depuis le célèbre évêque d'Adran, qui préparait il y a plus de cent ans notre conquête indochinoise, jusqu'aux modestes ouvriers de la parole évangélique des dernières années de ce siècle, tous ont contribué à nous rendre facile l'accès de cette terre aujourd'hui française où ont coulé tant de larmes, tant de sueurs et tant de sang.

II

LA BATAILLE DE CHI-HOA

La défaite de l'armée annamite. — Les tagals du colonel
Palanca. — Les redoutes de Chi-Hoa. — Le général
Nguyen-Tri-Phong. — Mort de l'enseigne Lareynière.
— Victoire décisive. — Une page d'histoire.

J'ai voulu revoir, il y a quelques jours, au
cours d'une promenade pédestre, le champ
de bataille de Chi-Hoa, près Saïgon, au-delà
du champ de Courses, entre l'embranchement qui conduit au tombeau de l'évêque
d'Adran et le petit village du même nom,
noyé derrière une haie de bambous.

Il n'y a pas bien longtemps, une poignée
de vieux Saïgonnais, rares survivants de la
conquête, allaient, tous les ans, au 25 février,
jour anniversaire du fameux combat, visiter
l'ossuaire français, marqué à peine, aujour-
d'hui, par une butte mesquine de terre
blanche; c'est là que dorment, depuis 1860,
les braves soldats de l'armée franco-espa-

gnole, mort au champ d'honneur pour la religion chrétienne et la patrie.

On n'a pas oublié, en effet, que l'Empereur Napoléon III fit un appel pressant au Gouvernement de Madrid, après les massacres de Hué et le martyre de 500 chrétiens décapités avec leurs missionnaires.

La catholique Espagne leva une petite armée de tagals dans ses possessions de Manille et permit à un certain nombre d'officiers volontaires, d'aller chercher un peu de gloire sur les rives ensanglantées de l'Annam.

Il fallait frapper un grand coup et demander raison au farouche Thu-duc, empereur de Hué, de tant de sang français répandu et de tant de tortures.

Je ne connais rien de plus intéressant pour un Français que la lecture des détails dont fourmille l'histoire de ce pays, relatifs à la conquête de ce delta de vase. Peu de livres les ont enregistrés et l'homme studieux qui désire les posséder, est forcé de consulter les documents épars pour les coordonner et en former un ensemble.

C'est un ouvrage à écrire, ouvrage pressant, car le temps passe et les souvenirs s'en vont de jour en jour, avec les derniers disparus.

Les détails que je vais donner sur la
bataille qui décida de notre existence sur
ces lointaines rives, me viennent des quelques
vieux colons dont je parlais tout à l'heure et
qui assistèrent à la lutte de l'amiral Charner,
dans les rangs de l'armée.

Ils sont rares, en effet, ces *anciens* de la
première heure, ces braves à l'estomac de
pierre, aux jambes d'acier et à l'âme che-
villée au corps.

Pendant une de mes promenades du soir,
les pères G. et T., comme les appelaient
alors les jeunes, me contèrent, sur les lieux
mêmes, les choses que je vais rappeler. Souvenirs précieux, inédits que je voudrais entièrement recueillir des huit à dix survivants de
la conquête française et qui seront, peut-être
bientôt, perdus sans retour.

Après le bombardement de Saïgon par la
flotte de l'amiral Rigault de Genouilly, les
Annamites s'étaient groupés dans les villages
de Giadinh, de Thanhdinh, de Govap, voisins de la capitale.

Commandés par un chef intrépide,
vaillant et renommé, Nguyen-tri-Phuong,
que l'empereur Thu-duc investit du titre de
généralissime, ils avaient retrouvé tout leur
courage et espéraient chasser, à brève

échéance, les *brigands étrangers*, par delà les mers !

C'était vers la fin de l'année 1860. L'amiral Page disposait à peine de 700 hommes auxquels il communiquait, tous les jours, un nouveau courage par ses harangues guerrières ; mais il considérait cette poignée de soldats comme vouée, jusqu'au dernier, au sacrifice et à la mort.

Le gros de l'armée avait dû retourner en Chine pour effrayer, encore une fois, la cour de Péking récalcitrante et il n'était pas possible de prévoir l'époque de l'arrivée des renforts attendus.

Enfin, l'aurore du 7 avril apporta l'heureuse nouvelle. Le canon tonna vaguement dans la direction du cap Saint-Jacques ; quelque chose d'étrange se passait là-bas.

L'armée française, vaincue par la fatigue, décimée par la maladie et décidée à lutter jusqu'au suprême effort contre un ennemi cent fois supérieur en nombre, reprit un nouveau courage à la vue des vaisseaux de la patrie.

L'amiral Charner ne portait pas seulement des renforts et des vivres aux assiégés, mais il communiquait à tous ces glorieux combattants une parcelle de son enthousiasme et

une confiance aveugle dans l'issue de l'expédition. Le colonel espagnol Palanca qui
commandait les troupes de Manille compta
ses hommes et fit attacher ensemble au front
des troupes le drapeau de l'Espagne avec
l'aigle de l'Empereur.

Au gros de cette armée, composée à peine
de cinq à six mille hommes, étaient venus
se joindre les survivants que la dysenterie et
le choléra avaient épargnés sur les plages de
l'Annam. Nous abandonnions ce poste
important afin de porter tous nos efforts sur
la Cochinchine.

Dès que la mine eût fait sauter les ouvrages
fortifiés, élevés par nos officiers du génie,
l'armée de Thu-duc reprenait possession de la
forteresse.

Voyant le dernier soldat français quitter
le fort de la Tourane, la Cour de Hué fêta
cet événement : l'heure de la délivrance avait
enfin sonné ; chassés par la vaillance des
enfants de l'Annam, décimés par des épidémies meurtrières envoyées par le Ciel, les
Français quittaient cette terre annamite, qu'ils
avaient souillée de leurs brigandages !......
C'est ainsi, en effet, que l'annonçait à
tout le royaume, une fameuse proclamation
impériale, dont nous donnons ci-dessous la

traduction. On comprendra sans peine l'ahurissement de l'empereur d'Annam, en apprenant quinze jours plus tard le bombardement de Saïgon par la flotte française ! !

Voici donc l'édit impérial que nous livrons à la méditation de tous ceux qu'intéressent, dans ces pays, l'histoire des premiers jours de notre conquête.

C'est le père Louvet qui nous a conservé ce précieux document.

Les voilà donc partis, ces barbares d'Occident, ces êtres malfaisants et cupides, qui n'ont d'autre inspiration que le mal, d'autre but qu'un gain sordide ; les voilà partis, ces monstres qui se nourrissent de chair humaine et se font des habits de la peau de ceux qu'ils ont dévorés. Pirates aussi ineptes que couards, ils ont été mis en fuite par nos vaillants soldats et se sont sauvés comme des chiens, la queue entre les jambes.

Mais comme il est probable qu'ils viendront encore molester notre bon peuple, il est nécessaire de prendre d'avance des mesures pour les repousser de nouveau. La plus urgente est d'extirper jusqu'à la racine cette religion infâme et perverse que suivent quelques-uns de nos sujets indignement trompés ; les barbares n'ayant plus l'appui de ces imbéciles, ni personne pour leur fournir des vivres, seront forcés par la faim de s'en retourner d'où ils sont venus.

En conséquence, finissez-en vite avec les ministres de cette fausse religion ; incarcérez tous les chrétiens notables, forcez les autres à bâtir des temples aux Esprits, imposez-leur des maîtres qui leur apprendront à leurs frais les formules de nos prières et la manière d'offrir les sacrifices ; obligez tous les habitants, jeunes et vieux, hommes et femmes, à fouler aux pieds la croix ; si quelqu'un s'y refuse, qu'il soit envoyé en exil perpétuel dans une autre province. Enfin abattez les arbres, détruisez les haies de bambous qui entourent les villages suspects, afin que l'on puisse voir de loin tout ce qui se passe à l'intérieur et que nul ne se flatte de transgresser mes ordres sacrés !

L'amiral Charner, dès son arrivée à Saïgon, étudia la situation et fut stupéfait des progrès accomplis, depuis son départ, par l'armée annamite.

Il fallait, sans perdre une minute, frapper un grand coup et terroriser ces masses asiatiques, grisées par quelques succès de début.

L'amiral passa ses troupes en revue dans l'enceinte de la citadelle et, après avoir prononcé une allocution vibrante, pleine de cœur et de patriotisme, il prit ses dispositions de combat.

« En avant, mes enfants, vive l'Empereur et vive la France !

L'amiral annamite occupait Cholon et
Govap, positions redoutables, menaçantes,
qui tenaient cette poignée de braves comme
dans un cercle de fer. Le général Nguyên-
tri-Phuong comptait plus de trente mille
hommes, et les partisans, levés dans. les
campagnes voisines, armés d'épieux et de
bâtons, faute de fusils, venaient à chaque
instant grossir l'effectif régulier.

Il n'y avait donc plus de temps à perdre;
il fallait livrer une bataille décisive ou mourir
dans les rizières sans espoir de retour au pays
natal.

Du 7 février au 25, des ouvrages en terre
furent construits sur la route de Tay-ninh,
presque en face du camp retranché des
Annamites. Il était nécessaire, avant tout,
d'effrayer ces derniers par les effets de l'artillerie.

Un capitaine du génie fit des prodiges ; en
huit jours la redoute défiait n'importe quel
coup de main hardi.

La position des Annamites, dans la plaine,
était formidable. Sur une ligne immense,
s'étendant depuis les faubourgs de Cholon
jusqu'au village de Tandinh, rue Nationale
prolongée, le gros de l'armée campait à
l'abri de défenses bastionnées, construites

avec un art militaire consommé par le généralissime. Le centre des forces avait été réuni et concentré dans un camp adossé au village de Chi-Hoà.

Ce gros village dont il ne reste plus, aujourd'hui, que quelques cases misérables, se voit encore derrière une haie de verdure, à mille mètres de la route de Tay-ninh, à gauche du champ de courses, presque juste à l'endroit où bifurque l'embranchement qui mène au tombeau de l'évêque d'Adran.

Les curieux apercevront même, en cherchant, des restes de défenses en terre durcie, que le temps a épargnés, en dépit des averses torrentielles de la saison pluvieuse.

A cheval sur la grande route, le camp annamite présentait donc un flanc trop développé pour être attaqué sur tous les points à la fois.

Dès l'aube du 25 février, 40 pièces de canon, démasquées par un mouvement latéral des troupes françaises, ouvrirent le feu sur le village et criblèrent d'obus les magasins à poudre de l'armée ennemie. Presque anssitôt, un de ces magasins sauta jetant, par son explosion, l'épouvante dans les rangs annamites.

Par une feinte savamment combinée, qui

fit croire à une attaque générale du camp
retranché dans le village, Nguyên-tri-Phong
replia ses deux ailes pour soutenir le choc.
C'est tout ce que désirait l'amiral Charner
qui avait, comme de juste, compté sur les
terribles et salutaires effets des décharges à
mitraille. Onze canons traînés par des
hommes, sur la terre durcie par un soleil de
feu, marchent à fond de train jusque en
avant des redoutes. Les boulets ronds des
Annamites, venant avec peine rouler aux
pieds de nos soldats, étaient salués par des
rires et des lazzis.

Tout à coup un feu nourri des onze pièces
met en déroute les artilleurs ennemis.

Nguyên-tri-Phong, blessé à la cuisse par
un éclat d'obus, est entraîné par ses soldats
en dehors du feu des batteries. Un général,
jeune, imberbe, plein de courage, ramène
les troupes qui, ainsi qu'un ouragan déchaîné,
se précipitent en jetant des cris sauvages,
sur les rangs pressés des Français.

Une centaines des nôtres tombent morts
ou blessés ; un commencement de panique
se déclare. Le colonel des troupes françaises
(l'amiral dirigeait la bataille de loin) croit,
pendant quelques minutes, que tout est
est perdu. C'en est fait de notre conquête !

Tous les efforts, tous les prodiges des enfants de la France, sur ces rives inhospitalières vont être réduits à néant.

Cependant, le capitaine qui commande l'artillerie, reprend son sang-froid et, profitant de la cohue annamite, ouvre un feu nourri, presque à bout portant, sur les soldats de Nguyên. La mitraille fait des ravages effroyables ; l'armée annamite se replie sur ses ouvrages de défense et couvre de nouveau le village de ses flancs. Tout est à recommencer quand le soleil disparaît derrière les forêts lointaines, les soldats de la France n'ont pas mangé de toute la journée.

Le soleil levant du 26 février devait éclairer une de ces boucheries humaines dont aucune plume ne saurait donner l'exacte description.

Un peu avant l'aube, le colonel Testard, forcé de reconnaître une position sur la gauche du village, s'aventure imprudemment jusque sous la palissade, reçoit à bout portant la décharge d'un pierrier et tombe roide mort. Mais il a eu le temps de dresser le plan d'une redoute savamment construite, et le tagal qui l'accompagne repart à cheval, emportant, sous une grêle de balles le corps de son chef.

Les Annamites n'avaient guère que des armes défectueuses, des fusils à pierre, pour la plupart, quelques batteries de canon en bronze données autrefois aux empereurs par les Français. Ils faisaient surtout grand bruit avec leurs batteries de pierriers, sortes d'énormes canardières portées par quatre hommes et tirées par les servants sur les épaules de leurs compagnons. Régulièrement les quatre soldats roulaient à terre à chaque décharge, par la violence du recul. Les blessures occasionnées par les grenailles de fer, qui servent de projectiles à ces canardières, étaient considérées comme dangereuses par les médecins.

Plusieurs batteries d'énormes canons en bois dur composaient le système défensif des redoutes. Il arrivait souvent que ces armes, trop chargées, dans le feu de l'action, éclataient tuant ou blessant jusqu'à dix individus derrière elles. Cependant, ces pièces balayaient fort bien la plaine, avec des paquets de mitraille, à une distance de 300 et 400 mètres environ.

Dans les rangs de l'armée ennemie se trouvaient aussi des compagnies entières de *moïs*, *stiengs* et *pnongs* cambodgiens que les milices du vice-roi de Saïgon étaient

allées chercher jusqu'au fond de leurs forêts
vierges.

Ces misérables sauvages, glacés d'épouvante par les détonations de l'artillerie, se
contentaient de jeter des cris épouvantables.
C'était la seule consigne qu'ils avaient reçu
mission de remplir, pour effrayer les
Français. Ils étaient entièrement nus et
brandissaient leurs boucliers, leurs arcs,
leurs flèches et leurs épieux de rotin durci
au feu.

Ceux qu'épargnèrent nos armes s'enfuirent
en criant comme des bêtes féroces, avant la
fin de l'action, du côté de Tayninh et oncques
jamais plus on n'entendit parler de ces sauvages qui, avant de rentrer dans leurs forêts
sombres, durent avoir un étrange spécimen
de la civilisation de l'Occident.

Vers huit heures du matin, l'armée ennemie fléchissait d'une manière visible. Des
bandes nombreuses, serpentant au loin dans
la plaine, semblaient faire défection et s'en-
fuyaient du côté de Cholon. Un jeune
enseigne de vaisseau, trop prompt à n'écouter que son courage, et ne cherchant pas à
deviner l'explication de ce mouvement, se
mit à leur poursuite, avec une poignée de
marins de la compagnie de débarquement.

Surpris dans un marécage où son cheval
s'enfonçant jusqu'à mi-jambe s'arrêta subi-
tement, il fut massacré par une trentaine de
réguliers qui, de loin, remarquèrent sa sortie
imprudente. Quatre matelots payèrent de
leur vie leur dévouement à leur chef.

Le commandant Lareynière, comme l'appelaient ses hommes sur le champ de
bataille, appartenait à une des meilleures
familles du Midi.

Brave jusqu'à la témérité, tenace jusqu'à
l'excès, il était destiné à fournir une bril-
lante carrière. Il avait à peine 23 ans. Son
corps repose encore aujourd'hui au bord de
la route de Tayninh, au milieu d'une touffe
de bambous, à l'endroit même où il trouva
la mort avec ses compagnons d'armes. Un
modeste mausolée, entouré d'une grille,
recouvre les restes de cet enfant de la patrie,
devant lesquels les Français se découvrent
avec respect, en lisant l'épitaphe glorieuse
gravée sur le marbre :

Ici repose l'enseigne de vaisseau Lareynière,
mort au champ d'honneur.

Mais il faut en finir. Le soleil, perpendiculaire au zénith de la plaine, annonce qu'il
est midi. La chaleur est terrible, la soif tor-
ture les plus endurants.

Après avoir permis aux troupes de se replier loin des feux ennemis pour boire quelques gorgées d'eau-de-vie, le général Vassoigne, de l'infanterie de marine, part à cheval à la tête des cavaliers manillais, suivi par deux régiments de troupes reposées. « *A la baïonnette*, s'écrie Vassoigne, allons, mes enfants, en avant, et sus à ces moricauds! » L'artillerie balaie le terrain, pendant que les deux régiments, franchissant la première enceinte, se disposent à clouer sur place les premiers rangs ennemis.

Les Annamites ne s'attendaient pas à voir les soldats de l'Occident s'élancer ainsi à l'arme blanche. Ils ont beau jeter des cris sauvages, les Français, les tagals évitant les chausses-trappes, les trous de loups, remplis de lancettes de bambou, acérées, coupantes comme du verre et, dit-on, même empoisonnées, continuent leur chemin avec fureur à travers les ouvrages de défense, tandis que l'artillerie attaque le village par un mouvement tournant.

C'en est fait, la déroute commence; les chefs sont impuissants à ramener les fuyards.

Un jeune général, désespéré, allume lui-même un magasin et se fait sauter avec cinq ou six de ses compagnons d'infortune. Le village est en flammes, les deux enceintes principales sont abandonnées.

Derrière les palissades du réduit intérieur un feu nourri nous tue cependant beaucoup de monde.

Il faut faire avancer deux pièces d'artillerie pour balayer ce centre de résistance, à une distance de cinquante pas... Vassoigne, blessé, s'adosse au parapet d'un bastion et continue à donner des ordres. On l'emporte au quartier général. La blessure est grave, mais il n'en mourra peut-être pas. Le colonel Rouart prend sa place. Il est quatre heures du soir.

La dernière enceinte bastionnée par deux doubles rangées de palétuviers achève sa résistance héroïque. Tous les Annamites s'y sont fait tuer jusqu'au dernier.

Le général en chef, Nguyên-tri-Phuong, blessé, sur un lit de camp, regarde tranquillement la plaie béante qu'un éclat d'obus a fait à sa jambe. Il refuse de saluer le colonel qui entre et insulte ses vainqueurs jusqu'à ce que la dernière goutte de son sang ait achevé de couler. Il rend le dernier soupir en vouant les Français aux divinités infernales.

Les derniers rayons du soleil couchant

éclairent cette scène de carnage qui s'appelle le champ de bataille de Chi-Hoa. Le clairon rassemble les hommes, la patrouille des chasseurs à pied recherche les derniers pillards manillais, qui arrosent la victoire dans un magasin rempli de jarres de choum-choum (vin de riz).

Le brave colonel Palanca, blessé au pied, est porté sur une civière sur le front des troupes et chacun se découvre avec respect.

Il fait nuit noire quand le gros de l'armée quitte la plaine ensanglantée. Au loin, perçant la nuit, des milliers de points lumineux s'avancent.

Des chefs de village, des notables, des préfets, terrorisés par la nouvelle de notre victoire, viennent en habits de fête, chargés de présents, faire leur soumission.

Dès que les positions sont garanties et suffisamment gardées, l'amiral regagne à la tête de ses soldats la citadelle de Saïgon.

Le lendemain 27, la ville de Cholon est défendue et, tandis que l'armée de Thu-duc s'enfuit désorganisée, dans la direction de Tay-ninh et de Bienhoa, Charner dispose ses postes volants, fait poursuivre les fuyards et place deux jonques armées d'obusiers au confluent des deux rivières. Il faut surtout assurer le bénéfice de cette victoire, en empêchant l'armée annamite de se reformer.

Disons, pour rendre hommage à la vérité, que les soldats de l'empereur Thu-duc se conduisirent avec beaucoup de courage.

Les troupes exercées du vice-roi de Saïgon montrèrent, en diverses circonstances, une bravoure que des armées aguerries d'Europe n'auraient pas désavouée. La plaine de Chi-hoa, qui vit s'effondrer en un seul jour la fortune et l'orgueil indomptable de la cour impériale, abrite sous ses replis les ossements blanchis de ses meilleurs serviteurs[1].

1. Le champ de bataille de Chi-Hoa est, encore aujourd'hui, l'objet d'une crainte superstitieuse parmi les indigènes.

Sur les ouvrages balayés par les vents et la violence des pluies tropicales, les Annamites de la campagne saïgonnaise ne passent qu'avec frayeur. La légende et la superstition ont désigné ces lieux au fanatisme populaire, qui veut y voir, par les nuits noires, les âmes des disparus. Les Annamites appellent ces esprits : *Giac ngui Khoi*. Tantôt ces esprits se battent entre eux; tantôt c'est contre les âmes des soldats français, qu'ils engagent la lutte. Les vieilles sorcières des villages assurent que ces ombres errantes arrêtent les passants qui, au lever de l'aube, vont faire leurs provisions au marché. Parfois un jeune soldat en quête de besoins d'outre tombe, prenant la forme humaine, s'adresse à une jeune fille pour la charger d'une commission pressée. La messagère reçoit une obole pour la peine,

Nous ne parlerons pas de l'héroïque conduite des soldats français, elle fut au-dessus de tout éloge.

En quittant les rives de la Cochinchine, le vainqueur de Chi-Hoa tint à honneur d'écrire que, dans le cours de sa longue carrière qui datait du premier Empire, il n'avait jamais rencontré une réunion d'officiers, de marins et de soldats qui fussent plus généreusement animés de l'ambition si noble de faire leur devoir.

Ainsi donc, chers lecteurs de Cochinchine, qui lisez en ce moment ces modestes lignes et que ces quelques souvenirs ont pu intéresser, découvrez-vous toujours en passant devant les fameuses lignes de Chi-Hoa, dans la plaine saïgonnaise, car sous la terre blanche de la rizière dorment ceux qui conquirent cette colonie aujourd'hui si belle,

mais ne retrouve jamais la trace du mortel disparu. Elle en conclut alors que l'esprit de quelque funèbre errant s'est adressé à elle. Il court sur ce champ de la mort des histoires fantastiques que les Annamites de la banlieue racontent aux jeunes en tremblant. Souvent, dans la plaine desséchée, le chasseur rencontre des objets funéraires entourés de bâtonnets odoriférants à demi-consumés, vague restant de quelque pieuse offrande. Ces esprits tombés dans la mêlée suprême sont généralement réputés de mauvais aloi.

ceux que la France peut appeler ses braves et glorieux enfants!...

Avant de clore ces pages sanglantes nous nous permettons de donner, ci-dessous, la statistique mortuaire des Français du corps expéditionnaire, qui, d'après M. L. Pallu, moururent sur ces plages, de 1859 à décembre 1861. Que de morts en 3 ans!

Équipages de la flotte (47 équipages, canonnières comprises) : 1 officier supérieur, 11 officiers, 49 sous-officiers, 643 marins.

Artillerie de marine : 1 officier, 8 sous-officiers, 71 soldats.

Infanterie de marine : 1 officier supérieur, 11 officiers, 52 sous-officiers, 902 soldats.

Génie : 2 officiers supérieurs, 3 officiers, 3 sous-officiers, 49 soldats.

14e d'artillerie montée : 3 sous-officiers, 25 soldats.

2e bataillon de chasseurs à pied : 3 officiers, 5 sous-officiers, 93 soldats.

101e d'infanterie : 1 officier, 1 sous-officier, 23 soldats.

Soit un total de 4 officiers supérieurs, 30 officiers, 121 sous-officiers, 1.805 soldats.

Mieux qu'un volumineux ouvrage ne saurait le faire, ce nécrologe parle au cœur de tous les Français.

III

LE DOMAINE ASIATIQUE DE LA FRANCE

L'Indo-Chine en 1900. — Saïgon, capitale de l'Indo-Chine. — Les villes populeuses. — Le génie colonisateur de la France. — Ses détracteurs et ses ennemis. — Ceux qui convoitent notre conquête. — Les barrières douanières du Tonkin.

Quarante ans ont passé sur la cendre des héros de Chi-Hoa, et en quarante ans la France, définitivement assise en Indo-Chine, a fondé un grand empire digne d'elle, une colonie riche et prospère, dont ses rivaux et adversaires sont fortement jaloux. Après la conquête du delta cochinchinois, celles du Cambodge, de l'Annam et du Laos, sont venues reculer jusqu'aux confins de la presqu'île indo-chinoise, les frontières de ce superbe domaine qui couvre aujourd'hui une étendue égale à trois fois la surface de notre pays. Jetez un coup d'œil sur la carte de l'Asie et voyez d'un côté, les terres basses de la Cochinchine et du Cambodge, noyées sous les alluvions fécondantes du Mékong, pays fortunés où l'extension de la richesse est pour ainsi dire sans limites et qui, en quinze années, ont doublé le chiffre de leurs exportations ; de l'autre, l'Annam couvert de forêts et de montagnes, terre encore vierge et inexplorée. L'Annam, malgré ses cinq millions d'habitants, ressemble à un désert immense [1]. Sur ses territoires en friche, dans ses vallées d'une fécondité prodigieuse, sur les versants de ses montagnes salubres, pourrait vivre à son aise une population active et industrieuse de trente millions d'Européens. C'est dans ces fertiles vallées arrosées par les cours d'eau venus de la chaîne annamitique, qu'est l'avenir de notre conquête indo-chinoise, au dire des rares observateurs qui connaissent le pays. Au nord, le delta du Tonkin déborde de population intelligente et productive, tandis que les terres hautes, moins fécondes, rendues

---

1. Les lettrés annamites représentent dans une charmante allégorie, trois grands pays soumis à la domination impériale. Le Tonkin et la Basse-Cochinchine sont considérés comme deux énormes fardeaux portés par le gouvernement. L'étroite bande de pays, l'Annam, qui borde la mer de Chine et qui relie les deux territoires, figure le fléau d'une balance que l'État soulève avec difficulté.

peu habitables par le souvenir toujours vivace de la piraterie chinoise, laissent un champ très vaste à la colonisation de l'avenir.

Les derniers traités ont encore ajouté à tous ces territoires bariolés, les solitudes inconnues de la zone laotienne, où des climats tempérés par des lignes isothermiques, offrent à l'activité de nos compatriotes le domaine le plus vaste qu'une nation exubérante et prolifique eût jamais pu rêver.

Saurons-nous jamais utiliser toutes ces richesses? Serons-nous, un jour, capables de mettre en valeur cette Inde nouveau modèle qui peut vraisemblablement nous consoler de la perte de l'autre, tant de fois regrettée par nos historiens coloniaux? En vérité, nous serions étrangement coupables de nous plaindre et de risquer l'anéantissement de notre colossale conquête, en cherchant sous d'autres cieux, sur d'autres plages la richesse qui nous tend ici les bras. Nous disons colossale, au regard des efforts dont nous sommes capables, car il n'est pas possible, à moins de vouloir mourir de pléthore coloniale, de nous étendre encore plus largement.

Ne nous faisons pas illusion, ce vaste domaine dont nous venons d'esquisser les grandes lignes, est sérieusement convoité aujourd'hui. Ceux qui l'ont parcouru comme nous, dans tous les sens, et qui en devinent la prodigieuse richesse, se demandent avec amertume si une nation comme l'Allemagne, par exemple, n'étonnerait pas le monde sur ces étendues fécondes et vierges, qui appellent l'activité. Les étrangers seuls savent ce que vaut l'Indo-Chine et c'est parmi nos compatriotes que nous trouvons (il faut bien le dire) ses pires détracteurs insensés ! En trente et quelques années, la France, en dépit de ses ennemis intéressés, a montré que sa force d'expansion n'est pas encore complètement éteinte. Elle a fondé sur ces lointaines plages des villes superbes qui comptent chacune plus de cent mille habitants. Saïgon notamment, la capitale de l'Indo-Chine, fait l'admiration de tous les étrangers de passage qui parcourent ses quais, ses boulevards magnifiques, ses rues larges et tirées au cordeau, ses monuments somptueux, ses avenues ombreuses.

Nous seuls Français critiquons notre conquête, nous seuls en méconnaissons la valeur. Haïphong, au Tonkin, en dix ans, est sorti comme par enchantement de ses marécages, offrant au voyageur étonné ses larges boulevards, son industrie et sa population laborieuse. Ce n'était, en 1885, qu'un ramassis de cases indigènes, noyées dans une mare délétère profonde et sans confins. Hanoï avec ses cent mille habitants, Bacninh, Namdinh, avec leur population alerte et industrieuse, Sontay, Phu-Lang-Thuong et tous les autres centres prouvent que le génie de la France sait encore gouverner les peuples intelligents. Notre rôle n'est pas de montrer ici les fautes politiques de la France en Indo-Chine, de critiquer son gouvernement, en indiquant la voie véritable et sûre qu'il aurait dû suivre. Bornons-nous à observer en passant, d'un coup d'œil rapide, les progrès indéniables de notre génie colonisateur, tant de fois nié par les pessimistes. Saïgon est, sans contredit, la plus jolie ville de l'Extrême-Orient. C'est l'opinion des Anglais, des Allemands et des Hollandais qui passent et qui, attirés par le confortable de nos lignes maritimes, ne perdent jamais une occasion de visiter la capitale de l'Indo-Chine. Les étrangers, dans leurs relations de voyages, l'ont appelée la perle de l'Orient (Pearl of the East).

Il faudrait de longues pages pour décrire ici tout l'étonnement qu'a produit chez tous ceux qui, après vingt années, repassent, par occasion, en Cochinchine, cet ancien maré-cage, où nos marins, dix ans après la conquête, pêchaient encore des grenouilles au centre même de la cité.

Dans les postes administratifs de l'intérieur, l'activité française a créé des centres florissants qui font de ce vaste delta de vase un jardin d'une étonnante fécondité. Mais laissons la parole au savant économiste Paul Leroy-Beaulieu; il va nous dire, en quelques mots, ce qu'est la Cochinchine à l'heure actuelle :

« L'Indo-Chine est la grande région exportatrice de riz et les trois grands marchés de cette céréale sont les débouchés des trois deltas fertiles du Mékong, du Ménam et de l'Iraouaddy: Saïgon en Cochinchine, Bangkok au Siam, Rangoon en Basse-Birmanie. Pour sa part, la Cochinchine envoie aujourd'hui au dehors, en grande partie, cette année, vers le Japon, mais aussi vers l'Europe, 700.000 tonnes de riz [1]. Les droits

1. Ces chiffres sont encore inférieurs à la réalité. L'exportation du riz dépassera, en 1900, un million de tonnes et les affaires atteindront 130.000.000 de francs.

d'exportation sur le riz sont une des principales ressources qui alimentent son budget.
Elle jouit sur le Tonkin du grand avantage
de n'être pas, comme lui, surpeuplée, de
contenir une population assez nombreuse
déjà, et suffisante pour cultiver des espaces
étendus, mais non pas serrée au point
d'absorber toute la récolte indigène. Beaucoup de terres ne sont d'ailleurs pas encore
en culture et le commerce du riz qui a déjà
beaucoup augmenté, a devant lui un fort bel
avenir.

« C'est à Cholon, ville presque exclusivement chinoise, à 5 kilomètres de Saïgon,
qu'est concentré le grand mouvement commercial et que se trouvent les principales
décortiqueries de riz, d'importantes installa-
tions à vapeur qui appartiennent presque
toutes à des Chinois dont nos compatriotes
n'ont jamais pu soutenir la concurrence.
Cholon est reliée à Saïgon par l'Arroyo-
Chinois toujours encombré de barques et de
sampans [1] et par deux tramways à vapeur,
celui de la route haute qui a 5 kilomètres de
longueur et celui de la route basse, qui en a

1. Le *sampan* est une embarcation indigène couverte
et composée de 3 et 4 rameurs.

6. En 1896, les recettes du premier ont été
de 188.000 francs (33.800 francs par kilomètre), contre 93.000 francs (16.800 francs
par kilomètres) de dépenses, celles du second
se sont élevées à 51.000 francs (8.295 par
kilomètre), contre 46.000 francs (7.335 par
kilomètre) de frais. Ces chiffres montrent
l'activité du trafic, d'autant que Cholon est
encore une station du chemin de fer de Saïgon
à Mytho, le seul de la Cochinchine, moins
prospère, il est vrai, et qui s'est longtemps
trouvé en déficit, mais couvrant enfin ses
frais d'exploitation ; sur 70 kilomètres et
demi, il a encaissé, en 1896, une recette
brute de 286.000 francs, contre 267.000
francs de dépenses. C'est un chiffre encore
assez faible, causé par la concurrence que
font, à la voie ferrée, les transports par eau
sur les bras du Mékong et les nombreux
canaux qui les relient à la rivière de
Saïgon.

« Le total du commerce extérieur de la
Cochinchine et du Cambodge — dont les
produits s'exportent par Saïgon — s'élève à
52.000.000 de francs aux importations et
78 aux exportations. Le riz reste de beaucoup
le principal élément de celle-ci, quoique
quelques cultures tropicales aient été entre-

prises par les trop rares colons et que celle des poivriers, notamment, donne d'assez bons résultats. Malheureusement, la plus grande partie du commerce cochinchinois se fait avec l'étranger ; les droits protecteurs exagérés, établis depuis six ans, ayant plus nui à la colonie qu'ils n'ont servi à la métropole. Ceci toutefois est la faute de la France et non de la Cochinchine et les erreurs du gouvernement n'ont heureusement pu, cette fois, que ralentir un peu l'essor de notre dépendance, sans parvenir à l'entraver absolument. »

Comprendra-t-on maintenant pourquoi les étrangers, et notamment les Anglais, convoitent si ardemment notre conquête. Il n'est pas jusqu'aux Japonais qui manifestent des velléités de la posséder un jour.

En effet, depuis quelques temps, des groupes d'Anglais et de Japonais parcourent en tous sens l'Indo-Chine, sous des prétextes spécieux de voyages d'exploration, prenant des notes et des photographies, relevant nos cours d'eau, levant des plans avec une précision toute militaire, qui ne laisse aucun doute sur leurs intentions.

Dans un article récent, écrit par un publi-

ciste indigène de Kobé, nous lisions avec
étonnement dans le *Nishi-Shimboon*, que le
Japon peut invoquer, à la rigueur, des
droits historiques sur l'Indo-Chine française !...

Nous connaissons aujourd'hui le plan de
campagne des Anglo-Japonais; au lendemain du conflit de Fashoda, leurs flottes
réunies dans le port de Hong-Kong, attendaient des ordres de Londres. Les sept
navires du Nippon devaient opérer dans la
baie d'Along, pendant que les Anglais blo-
queraient la rivière de Saïgon et tenteraient
un bombardement en règle sur la capitale de
l'Indo-Chine.

L'alliance anglo-japonaise est très populaire au Japon. A l'époque dont nous parlons, Saïgon n'aurait pas résisté deux heures
à une action maritime. On nous dit que les
autorités françaises ont combiné un plan de
défense qui rendrait toute attaque contre la
rivière très dangereuse, même à un ennemi
puissant. Nous souhaitons de grand cœur que
ces prévisions se réalisent, mais nous pensons avec tous les vrais patriotes amis sincères de l'Indo-Chine qu'il aurait mieux
valu, avant de construire des voies ferrées au
Tonkin et en Cochinchine, de défendre

l'accès de nos fleuves à ceux qui convoitent cette colonie [1].

Quittons le terrain brûlant de la politique et faisons des vœux, en terminant ce chapitre, pour que la France reconnaisse la valeur de ses possessions asiatiques, dont la perte serait le commencement d'une décadence et d'une ruine prochaines pour notre patrie.

1. Nous allons construire une voie ferrée de pénétration au *Yunnam*, perpendiculaire à celle que les Anglais ont projeté au nord de cette riche province et qui, venant de *Bahmo*, en Birmanie, rejoindra les chemins de fer du Yantzé. Pour attirer vers nos ports tonkinois les produits de ces merveilleux territoires, nous avons hérissé nos frontières de postes douaniers, véritable barrière infranchissable aux produits de l'extérieur.

Dans ces pays nouveaux et inconnus, un vent de folie douanière souffle en tempête dans les têtes gouvernementales ! Le simple bon sens indique que les richesses du *Yunnam* et du *Yantzé-Kiang* préféreront la voie anglaise, libre de toute entrave administrative, la voie ouverte et facile des chemins de fer birmans. On sait combien les Orientaux, et les Chinois en particulier, redoutent les difficiles et ennuyeuses formalités douanières. Il serait donc insensé de supposer que les produits des riches provinces méridionales vont affluer vers cette porte impassable, vers les régions du Tonkin. — Voilà de la politique !

IV

CHOLON, LA VILLE CHINOISE

Le grand marché de la Basse-Cochinchine. — Origines
et fondation de Cholon. — Le génie colonisateur des
fils du Céleste-Empire. — La puissance d'association
et d'initiation chez les Chinois. — Cholon autrefois et
aujourd'hui. — La cité mystérieuse. — Cholon il y a
vingt ans. — La ville du plaisir et du crime. — Les
pagodes et les temples. — Le culte de Mâ-chau. —
Les fêtes du Têt.

De Saïgon, le centre européen, où nous
avons admiré le génie colonisateur de la
France, nous tombons à Cholon, en pleine
civilisation chinoise. Pour un observateur
digne de ce nom, la populeuse et originale
cité mérite un examen approfondi, une
enquête minutieuse, conduite avec intelligence et sûreté de main.

C'est le grand *emporium* des basses provinces cochinchinoises, du Laos et du Cambodge, aussi bien que des régions siamoises
que commande le Mékong. Dans ses maga-

sins, sous ses vastes hangars, viennent sans cesse s'entasser tous les produits de la colonie, qu'un énorme mouvement de jonques et de vapeurs emporte vers tous les points du globe.

L'Européen, peu familiarisé avec les mœurs asiatiques, reste confondu devant la prodigieuse activité de cette race chinoise, qui a créé aux portes de la capitale de l'Indo-Chine un des plus vastes entrepôts de commerce de l'Orient. Avant de parler en détail de cette curieuse cité, disons un mot de notice historique.

La fondation de la ville chinoise date à peine de cent vingt ans.

Avant le règne de Gialong, le grand empereur annamite, ami de la France, qui dut, en partie, sa fortune royale aux efforts et à la persévérance de Monseigneur d'Adran, les Chinois ne pouvaient séjourner, sans une autorisation spéciale de la cour, sur les territoires de l'Indo-Chine. Leur nombre dans les villages et les centres de l'Annam était limité par des règlements. Ils ne pouvaient posséder, sans permission des vices-rois, des biens immeubles. Il leur était défendu d'exporter d'autres produits que le riz dans les pays voisins. Soumis à une surveillance

incessante de la part des autorités annamites, ils payaient des droits considérables
à la couronne qui avait édicté contre eux des
lois somptuaires et des mesures coërcitives
d'une grande dureté.

Nous avons raconté dans un précédent
volume comment les Chinois vinrent, pour
la première fois, s'établir en Basse-Cochinchine, et les curieuses aventures qui signa-
lèrent leur arrivée dans le pays[1].

Vers l'année 1778, la Cochinchine, livrée
aux hordes envahissantes des *Tay-Son* (mon-
tagnards de l'ouest), était en pleine guerre
civile. Deux partis également puissants et
redoutables se disputaient l'hégémonie du
grand empire qui s'étendait à cette époque
depuis les bornes méridionales de la Chine
jusqu'aux frontières du Cambodge et du
Siam.

Les insurgés Tay-Son, sous la conduite
de chefs habiles et courageux, s'emparèrent
de l'Annam et vinrent jusque sous les murs
de Saïgon terroriser l'armée impériale, dont
les débris s'enfuirent dans la direction du
sud. La Cochinchine entière tombait au
pouvoir des révoltés, tandis que les princes

1. Voir notre ouvrage, *Au pays annamite*, p. 75 et suiv.

héritiers royaux Duc-Tong et Muc-Vuong, abandonnés de tous, étaient livrés au vainqueur qui leur faisait trancher la tête.

C'est alors qu'une petite colonie chinoise établie sur les territoires de My-tho, fuyant l'insurrection déchaînée, fonda sur les bords du Logom une petite ville appelée d'abord Taï-Ngon [1] par les premiers occupants. Une deuxième colonie de Célestes, chassés également de Bien-hoa, vint les rejoindre et grossir d'un seul coup ce modeste groupe initial qui devait si rapidement croître et grandir dans la suite. Merveilleuse page d'histoire indochinoise, qui nous montrera en un tableau succinct tout ce que peut enfanter, dans un milieu riche et préparé, l'intelligente initiative des fils du Céleste Empire.

Au lieu de s'adresser au Gouvernement pour obtenir des immunités et des franchises communales, les Chinois de Cholon songèrent d'abord à grouper leurs intérêts commerciaux dans un centre confortable. Ils commencèrent par creuser des canaux, par approfondir les cours d'eau, bâtir des quais

---

1. Les Annamites lui donnèrent plus tard le nom de *grand marché* : *cho*, marché; *lon*, grand, en langue vulgaire.

pour permettre à la batellerie un pratique et facile atterrissage.

Bientôt, des cales sèches et des docks appropriés s'élevèrent sur les bords du Logom et donnèrent un considérable essor à la navigation fluviale. En cinq ans, la ville avait triplé de population, et, sur les quais bien construits de l'arroyo chinois, sortirent comme par enchantement de confortables maisons en briques, indiquant que la richesse pénétrait peu à peu la petite cité. Les Chinois avaient appris dans leurs livres de morale qu'une ville sans union, sans communauté d'intérêts, ne peut devenir florissante. Après s'être organisés en commune, les citoyens demandèrent des franchises municipales qui leur furent promptement octroyées. Les vices-rois de Saïgon comprirent tous les avantages que pouvait retirer le Gouvernement d'une association si laborieuse, et sous Gialong les riches commerçants de la ville chinoise devinrent, à maintes reprises, les bailleurs de fonds du trésor public.

L'initiative des habitants ne connut dès lors plus de bornes. Vers la fin du siècle, Cholon, avec ses bassins de radoub, ses constructions de bateaux, ses fabriques et

ses entrepôts divers, avait pris les proportions d'une vraie ville. Les canaux furent
agrandis, des ponts en bois relièrent les deux
rives, et le long des berges, au moment de la
marée haute, des flottes de jonques, venues
de Hainam et de la côte de Chine, arrivaient
bondées de produits. Le conseil urbain, composé des notables de la cité, augmentait tous
les jours les avantages commerciaux des
étrangers et des Annamites, provoquant des
lois sages, des règlements intelligents et
utiles à la majorité. Cholon eut son éclairage
public, ses écoles gratuites et jusqu'à un
collège dirigé par des savants mandés tout
exprès de Chine pour enseigner aux indigènes les sciences, la morale et la philosophie.
Notez bien que tous ces progrès s'accom-
plirent sans secousse, sans désordre, par la
seule union et la prodigieuse initiative du
groupe qui payait avec régularité aux
époques fixes les taxes communales et les
redevances au trésor impérial.

Bel exemple à imiter par ces temps de
socialisme d'État à outrance, dans cette
colonie fonctionnariste, où il ne viendrait
jamais à l'idée d'un homme d'Europe qu'un
port, un pont, un chemin, un quai, un canal
ou une école pussent être construits sans le

secours du Gouvernement..... Et encore
aujourd'hui, assurément, les Chinois que
nous pouvons bien haïr, mais que nous
devons admirer quand même, nous donne-
raient, si on leur laissait toute leur initiative,
la mesure de leur énergie.

*
* *

A part quelques désordres sans importance, suscités par des bandes annamites
autour de la cité chinoise, Cholon connut,
pendant près de trois quarts de siècle, le
bonheur de la vie laborieuse, qui crée la
richesse et grandit les sociétés. La ville était
en pleine prospérité quand, en 1860, le canon
tonnant dans la direction de la mer annonça
aux notables assemblés qu'un évènement
grave se préparait dans les destinées de
l'empire annamite.

Le Céleste, toujours pratique, commence
invariablement par sauver la caisse, lorsqu'une affaire insolite se produit. Les honorables commerçants de Cholon, en apprenant l'ingérence de la France en Extrême-
Orient, fermèrent uniformément leurs bou-
tiques en attendant des jours meilleurs.
Disons à la louange des citoyens que leur

rôle ne fut en aucune façon répréhensible; les rares instructeurs chinois que l'amiral Charner trouva dans les rangs de l'armée annamite y occupaient de longue date des emplois rétribués par la Cour.

Les Célestes eurent vite compris l'immense supériorité de nos armes, et quelques mois après la bataille décisive de Chi-Hoa et la destruction des légions impériales, Cholon reprit son aspect d'autrefois. Un voyageur venu par surprise dans la cité ne se serait pas aperçu de l'arrêt préjudiciable apporté par les évènements de la guerre dans les affaires courantes; rien n'était changé.

Quarante ans de progrès ont remanié l'entassement quelque peu oriental et disparate de la grande ville. Mais pour infuser un sang nouveau à une vieille cité aussi jalouse de ses mœurs et de ses prérogatives, les autorités constituées ont dû déployer une persévérante activité. L'alignement des rues, les percées de grand air dans cette agglomération désordonnée de toute époque et de tout style, ont réclamé trente ans d'incessants efforts. Il a fallu d'abord plier les Chinois aux exigences de la civilisation occidentale, aux règlements et aux mesures d'ordre, sauvegarde nécessaire des habitants de la cité. Ces changements imprévus et instantanés ont nécessité sans doute quelques sévérités et souvent des répressions rigoureuses. Mais jamais le désordre, au sein des groupes laborieux et pacifiques, n'a atteint les proportions d'une véritable rébellion.

Il y a quinze ou vingt ans, la vieille cité offrait un ensemble un peu confus d'intérêts et d'associations qu'il a fallu débrouiller peu à peu dans cet entassement chaotique, dans ces quartiers extraordinaires sans limites, remplis de ruelles, de communications mystérieuses, d'issues et de passages insoupçonnés.

Nous venons d'esquisser la question économique, d'envisager le côté pratique, qui nous intéresse spécialement, nous Européens, vainqueurs et maîtres incontestés du pays, toujours flattés de voir prospérer une conquête. Mais une étude nous reste à faire, un tableau à tenter...

Si, comme groupe policé, la race chinoise possède des qualités incontestables; si son cosmopolitisme nous étonne, si son amour du travail et de l'épargne nous séduit, nous ne devons pas oublier que pour connaître un peuple complètement, il est nécessaire de pénétrer aussi ses défauts et ses vices.

Or, dans cet ordre de choses, le Céleste ne le cède à aucun habitant de l'univers.

Ardent au travail, durant le jour, précieux comptable de ses heures, invincible sur le terrain commercial, le Chinois devient, à la tombée de la nuit, un jouisseur effréné, un chercheur inassouvi de plaisirs, un dilettante passionné de jouissances toujours nouvelles. Il sera facile de se faire une idée approximative de la somme de corruption que recèlent ces bas quartiers populeux, où la vie grouille éblouissante, dans ces cités suburbaines, véritables centres séparés, au milieu d'une population colossalement développée dans un espace aussi restreint. Cholon compte des fortunes énormes, scandaleuses, qui permettent à leurs heureux possesseurs de se procurer une somme de plaisirs et de jouissances inconnues en Europe, une titillation et une étape très avancées dans ce que nous appelons, en nos brumeuses contrées occidentales, la satisfaction complète des sens.

Pour bien comprendre cette curieuse cité, le lecteur devra reporter ses souvenirs ou son imagination à quinze ou vingt ans en arrière, à une époque de liberté générale que les conditions actuelles ont quelque peu trans-

formée depuis. Cholon, en quinze ans, a
changé du tout au tout, sous la main presti-
gieuse de la civilisation française. Les lacis
de ruelles ont disparu ; disparues aussi les
impasses mystérieuses, les portes secrètes
qui conduisaient de la maison de jeu au
lupanar riche, sans cesse ouvert au *Fan-
Kouaï* (diable de l'ouest) tranquille et bon
enfant. Finies également les promenades
nocturnes égayées par l'imprévu des aventures, dans les quartiers toujours en fête et
toujours éveillés. La vieille cité chinoise
s'est endormie, et le couvre-feu de la Pagode
des Guerriers résonne sur une ville morte.
Quantum mutatus ab illo ![1]

*
* *

Le lecteur étonné va me suivre, pendant
quelques instants, dans les sombres impasses

---

1. Sans l'établissement des droits protecteurs et
presque prohibitifs sur les marchandises étrangères,
Cholon aurait pris un développement immense, dont il
serait difficile de prévoir l'extension. Les protection-
nistes à outrance peuvent étaler à loisir leurs fallacieuses
statistiques. Les observateurs de bonne foi admettent
que l'application du tarif général des douanes françaises
a tué l'Indo-Chine. C'est un fait trop évident pour qu'il
soit nécessaire d'insister ici.

de la ville chinoise, à travers les carrefours
suintant la prostitution et le crime des bas
quartiers de Cholon.

Nous allons soulever un coin du voile qui
cache cette pestilence et, du doigt, nous tou-
cherons le chancre dévorant, au centre duquel
se complaît, sous l'œil vigilant de la police,
la vieille cité chinoise, qui obtint des empereurs d'Annam ses *lettres patentes* au cours
du siècle dernier.

Quel est l'Européen, le Français qui peut
se flatter de connaître, jusque dans ses
moindres carrefours, l'antique ville chinoise?

En est-il un parmi nous qui ait sondé les
quartiers de Cholon du nord au midi et
auquel les mœurs et l'existence de ces grouillantes populations soient tout à fait fami-
lières?

Pour se faire simplement une idée des
tenants et aboutissants de cet immense qua-
drilatère, pour arriver à bien comprendre
l'utilité, la présence indispensable de ces
ruelles étroites, des impasses obscures, des
ponts de bois qui relient les maisons entre
elles, des galeries souterraines[1] et des che-

1. Il ne faudrait pas se figurer de grandes et solides
constructions édifiées dans les sous-sols de la cité mystérieuse. Ce sont de simples trous creusés la plupart du

mins de ronde qui courent sur les toits des habitations, une année d'observations serait nécessaire ; le *sous-plan* de la cité chinoise étonne les plus perspicaces, par son incroyable complexité. Guidés par un indigène fin limier, agent de la sûreté à ses heures et toujours fidèle quand la récompense pécuniaire se trouve au bout des bons offices réclamés, nous allons pénétrer dans un îlot sans bornage, mais que nous supposerons commencer à la rue des Marins. Ce n'est pas le centre de la ville, mais il y a quinze ans à peine, une visite nocturne, *pour affaires*, me permit de me familiariser avec le plus incompréhensible dédale que jamais architecte ait levé de sa vie.

La ferme d'opium se trouvait encore entre les mains des Chinois. La douane n'était pas venue enchaîner la liberté commerciale du grand centre. Cholon était possession chinoise, un fief domanial, où cent mille Chinois et Annamites travaillaient nuit et jour, sans arrêt ni trêve, pour le seigneur de la Cochin-

temps par les sociétés secrètes ou les contrebandiers pour faire communiquer les rues entre elles. Des sapes souterraines semblables sont souvent découvertes par la police, dans les grandes villes chinoises, telles que Nan-King et Canton.

chine, Son excellence Ban-Hap, le Crésus du pays.

Tout lui appartenait à Cholon ; il avait des intérêts dans toutes les entreprises, jusqu'au jour où ce colosse aux pieds d'argile tomba pour ne plus se relever. Une étude faite d'observations nous montrerait ce que sont ces fortunes chinoises ; nous savons sur quelles bases elles reposent aujourd'hui.

L'Annamite qui me conduisait monta un escalier d'une roideur extraordinaire. Au bout, une porte solide, une trappe qui s'ouvrit à demi. Un mot de passe de mon conducteur avait produit l'effet magique. Nous nous trouvions au premier étage, dans un long couloir obscur. A droite du couloir, des séparations en voliges de Singapour, construites à hauteur d'homme, laissaient percer, par les interstices, de discrètes et paisibles lueurs.

Dans les compartiments, des groupes chuchotaient en langage incompréhensible. Un bruissement insolite, suivi par l'envahissement presque instantané d'une odeur pénétrante et suave, me fit arrêter à la porte d'un de ces réduits. Un homme déjà vieux fumait une pipe d'opium en compagnie d'un éphèbe qui esquissa un vague sourire, à ma vue.

Plus loin, des Chinois pénétraient avec des femmes dans les antres; dans une dernière stalle, un vieux causait avec une fillette annamite ravissante, de treize à quatorze ans.

Marchons, dit l'indigène, et une succession de vingt cabines semblables défila devant nous..... Une éclaircie, percée par un rayon de lune, laissa voir le vide d'une porte, par où mon *cicerone* s'engagea décidément. Nous étions sur une ruelle traversée à plusieurs endroits, de distance en distance, de ponts en bois facilement démontables, qu'on ne devait jeter que la nuit.

Des groupes de Chinois passaient et repassaient comme des fantômes, dans la pénombre obscure des corridors.

A la vue d'un Européen, les conversations cessaient; chacun défilait en bon ordre, en déliant sa tresse de cheveux. On avait encore un peu de respect pour les Français de France.

Et notre voyage continua, toujours dans les mêmes conditions, à travers des compartiments et des couloirs sans fin, jusqu'au moment où s'ouvrit devant nous une salle immense, éclairée *a giorno*, remplie de Chinois cossus, de coolies en pagne sordide et d'Annamites loqueteux.

Un bruit spécial, sonore et argentin, m'indiqua qu'on jouait grand train devant deux larges tables.

La porte, en s'ouvrant, avait attiré les regards inquiets de la salle. Une alerte était-elle dans l'air ?...

Une parole de mon guide fit renaître le calme dans les âmes. Tous les visages s'illuminèrent comme par enchantement. Un trou circulaire, percé dans le mur et fermé par des barreaux d'une solidité à toute épreuve, s'ouvrit pour nous donner passage. Un petit restaurant privé, une cuisine luisante de graisse, une salle tapissée d'instruments de musique et de tableaux chinois, indiquaient assez clairement un appartement à l'abri des besoins et de la misère. On me présenta le tenancier de la maison de jeu qui m'offrit, très obséquieux, des liqueurs et du vin de Champagne.....

Et notre route continua à travers des magasins bondés de marchandises, des réduits indescriptibles, des galetas abandonnés aux insectes et aux rongeurs. Et de balcon en balcon, de maison en maison, nous arrivâmes sur un toit surmonté d'une terrasse, où un débitant cuisait une boule d'opium.

Où étions-nous, grand Dieu ! Où me con-

duisait donc mon guide de malheur dans ce
dédale? Vingt minutes plus tard, dans une
cave assez proprette, un Chinois auprès duquel deux jeunes beautés jouaient de la musique, nous offrit un bol de thé exquis du
Nord de l'Empire, et une délicieuse pipe
d'opium. Nous avions franchi plus de deux
kilomètres sans jamais retrouver la calotte du
ciel.

Beaucoup de quartiers sont dans ce style,
offrant aux Chinois qui se dérobent une
fuite assurée contre la surveillance des lois.

Allez donc retrouver un homme jaune
dans ces dédales. Il faudrait mettre le feu au
quartier.

On commet, tous les ans, dans Cholon, un
nombre incalculable de crimes qui échappent
à la justice neuf fois sur dix.

Les renseignements précis que j'ai re-
cueillis moi-même, auprès des indigènes,
m'incitent à croire que le nombre des assas-
sinats, des empoisonnements, des meurtres
simulant le suicide, des mauvais traitements
infligés aux petites filles et aux femmes, des
viols, rapts ou attentats de toute sorte, est
beaucoup plus considérable qu'on ne le croit
communément.

La police est impuissante à pénétrer dans

ces cavernes. On sourit de pitié quand on songe à ce service de sécurité publique, au milieu d'un peuple de dix nations, de dix langues différentes, dont la connaissance et l'étude demanderaient à un policier de carrière dix années de bon travail.

Autant de congrégations, autant de nationalités différentes, autant d'idiomes divers.

Il y a quatre ou cinq ans, l'amant annamite d'une beauté demi-chinoise tue le mari, congréganiste de Canton. Un poinçon, long de vingt centimètres, lui rompt la jugulaire; il meurt dans la nuit.

La déclaration policière porte : *dysenterie* et *mal au ventre* ; le Chinois est inhumé.

Huit mois se passent. La femme, poussée par la jalousie, dénonce l'amant infidèle ; on l'arrête, on exhume le cadavre, on juge le meurtrier qui recueille dix ans de bagne, et la femme trois ans de prison.....

Le cadavre d'une femme supposée morte à la suite de mauvais traitements infligés par une concubine, est déterré après dix-huit mois de sépulture : l'homme de l'art déclare que, vu l'état de décomposition avancée des viscères, le poison ne peut être retrouvé.

Il y a cinq à six exhumations par an à Cholon, pour des crimes soupçonnés et dénoncés par vengeance à la police.

Un Chinois, très au courant de nos mœurs européennes, et dont je pourrais invoquer le témoignage, le cas échéant, m'a certifié qu'il disparaissait mystérieusement, tous les ans, un grand nombre d'Orientaux.

Ne parlons pas des infanticides, on en découvre un sur cent.

En 1893, une note judiciaire fait rechercher une adorable petite enfant, fille d'une Chinoise et d'un résident européen, volée à Canton d'une façon mystérieuse.

L'enfant merveilleuse est conduite au poste, pour renseignements, accompagnée d'une matrone.

On la voit, on l'interroge et, par malheur, on la laisse partir en lui recommandant de se tenir à la disposition des agents. Deux jours plus tard, l'enfant et la vieille femme disparaissent; toutes les recherches restent infructueuses, et cependant aucun bateau n'est parti, aucun vapeur n'a quitté la rade.

Cholon compte un mystère de plus.

De 1890 à 1893, au dire de Chinois relativement honnêtes, quatre commerçants disparaissent mystérieusement.

Leurs femmes ne savent rien, leurs affaires semblent prospères. Ces gens-là n'avaient aucune raison de faire faillite. Le vol et l'assassinat ont enrichi les associés; depuis cinq à six ans, ces Chinois n'ont donné signe de vie nulle part.

Les membres de la Société du ciel et de la terre signent les sentences avec du sang de vierge, dans leurs nocturnes envoûtements.

Le minotaure insatiable de la luxure chinoise dévore, annuellement, des milliers de vierges, déflorées avant l'âge, dans des circonstances que nous révèlent, parfois, d'épouvantables débats. Tous ces richards ventrus veulent l'illusion de l'innocence, dans leurs orgies débordantes; comme les empereurs romains qui aimaient la chair fraîche, le Chinois jouisseur veut avoir la primeur des vierges payées à prix d'argent.

On se rappelle cette jeune petite Annamite ramassée un soir, au marché, au moment où elle allait faire une commission pour sa mère.

La matrone chinoise qui l'emmène va l'offrir pour 50 piastres à deux gros parvenus et, pendant que le premier consomme son crime, la matrone tient les jambes de l'enfant violée, abîmée par un misérable qui, en compagnie de la mégère, va purger vingt années de bagne, sur les plage de Cayenne ou de Nouméa.

Une limite que nous respecterons, dans
ces descriptions véridiques, nous empêche
de donner des détails sur un vice contre nature, dans lequel les Chinois sont passés
maîtres, quand leur situation de fortune leur
permet de s'y adonner.

Sodome, *Gomorrhe* et *Stamboul* n'ont
rien à envier à la cité chinoise, au sein de
laquelle, dans ces intérieurs ploutocratiques,
la licence fleurit sans obstacles, sans que la
loi puisse montrer son pouvoir.

Les Chinois ont une liberté plus grande
que les Français, par une étrange coïnci-
dence! Jamais un négociant ou un fonctionnaire ne pourraient se permettre, au vu et
au su de tout le monde, le quart des déver-
gondages dont les Chinois parvenus sont si
avides, si friands.

*
* *

Comme toutes les agglomérations, comme
tous les entassements humains, la ville de
Cholon doit, on l'imagine, donner du fil à
retordre aux investigations policières.

Mais ces difficultés sont d'une espèce particulière, car ici l'entassement n'est ni ordinaire, ni banal.

Un Annamite, ancien agent de la sûreté, nous a montré, près du marché, un pâté de maisons, long de 500 à 600 mètres, et au centre duquel il fut chargé, autrefois, de poursuivre des contrebandiers. Tous les appartements communiquaient par des portes secrètes; un homme entré par une ouverture de la rue du Marché pouvait se retrouver, dix minutes plus tard, sur les quais du fleuve.

Dans certains compartiments indigènes, grouille une population inouïe. Au sein de locaux où vivraient, avec peine, deux Européens, logent trente et quarante Chinois dans une promiscuité impossible à décrire. Examinez ces faces glabres, essayez de fixer dans votre mémoire les traits de l'un d'eux.

Dans le vague du souvenir, les figures se brouillent; c'est la danse échevelée des caricatures, faisant passer avec la rapidité changeante d'un kaléidoscope, les lignes de tous ces visages dont un cerveau occidental ne saurait s'imprimer.

Tous ces gens-là se ressemblent : même figure ovale et glabre, mêmes traits indécis, même absence de poils de barbe, même tresse de cheveux.

On se rend compte avec un rapide regard, que la police est impuissante dans ces antres ; le criminel chinois personnifiant un type généralisé, uniforme, glisse comme une anguille entre les mains de l'homme de loi.

Nous conseillons vivement à ceux de nos lecteurs qui ont quelques moments à perdre, aux heures vespérales, quand les ouvriers regagnent leurs antres, d'aller se poster dans les ruelles adjacentes au grand marché central.

La loi inventée par les sociologues d'Europe relativement au cube d'air nécessaire à un être humain, leur apparaîtra sous des formes singulières et portant une atteinte sérieuse aux problèmes physiques généralement admis.

Une chambre longue de 10 mètres environ, sur une largeur moitié moindre, engloutit devant nous et deux de nos amis, soixante-quatorze individus fort bien constitués et réclamant pour leurs poumons une quantité requise d'oxygène.

C'était un soir *d'arrivage* ; un navire allemand venait de déverser dans les quartiers populeux de la ville un flot humain de travailleurs, estimé à huit cents miséreux.

Le problème du logement, très difficile à

résoudre, à première vue, fut tourné avec une habileté toute chinoise, qui nous fit rire de bon cœur.

Comme la chambre des soixante-quatorze émigrés était matériellement trop exiguë pour permettre à chacun de s'étendre sur les nattes sordides, l'entrepreneur de logements avait disposé trois étages dans l'appartement.

Des trous percés dans le mur et supportant des traverses offraient un espace tout trouvé.

Des voliges minces de Singapour, recouvertes de nattes, permettaient à une vingtaine de célestes de dormir commodément dans ces multiples compartiments de portefeuille. On dirait que les lois de l'hygiène n'ont pas été faites pour eux.

Se portent-ils moins bien que les Occidentaux, confortablement logés dans leurs maisons européennes ? Le fait est que le provisoire d'une installation si étrange, dure souvent plusieurs semaines et plusieurs mois.

N'avions-nous pas raison de trouver cet entassement urbain moins que banal, dans la série de l'habitation humaine ?.....

Les jours de fête ou de gala, lorsque la

population flottante augmente et que les habitants du céleste empire quittent leurs demeures, pour vaguer dans les rues, la circulation devient, dans plusieurs quartiers, extrêmement difficile. Les représentants de la force publique sont comme noyés dans ce flot mouvant.

En esquissant les mœurs dé cette curieuse population, uniforme de costumes, mais souvent de sentiments et d'appétits si dissemblables, nous avons dit que la plupart des crimes restaient presque toujours impunis.

Il ne nous est cependant jamais venu à l'idée de donner des instincts démesurément sanguinaires et criminels à la nation chinoise. Nos observations nous prouvent, au contraire, que sous le rapport de la criminalité constatée en dehors de leur pays d'origine, les célestes n'ont rien à envier aux peuples de l'Occident.

Le Chinois est rarement méchant et assoiffé de meurtre, sans raison déterminante. Le contingent annuel fourni par les 80.000 habitants mâles de la cité ou des agglomérations suburbaines n'a rien qui doive nous effrayer. Ces émigrés sont, en général, probes et sincèrement attachés à leurs pratiques religieuses. Une règle de conduite qui n'exclut pas la droiture en affaires, est la pierre de touche de toutes leurs grosses opérations [1].

Des usiniers cossus, qui remuent les dollars avec une dextérité merveilleuse, détiennent souvent la confiance de puissants établissements de crédit.

Il n'est pas rare d'entendre affirmer dans les couloirs d'une banque, qu'un *Banh-An-Hop* ou un *Ban-san-Hing* quelconque est aussi honnête (si ce n'est plus) qu'un Européen connu.

Les Directeurs des grandes maisons financières vous disent même, dans le tuyau de l'oreille, qu'ils préfèrent avoir affaire avec ces riches marchands de paddy qu'avec des Français.

Il paraît que dans une certaine catégorie, les millionnaires parvenus du céleste empire n'ont jamais trahi la confiance des banques

1. En dehors des grandes décortiqueries à vapeur, qui représentent un capital considérable, les Chinois sont propriétaires d'une quantité d'immeubles de valeur. A Cholon, certains d'entre eux ont construit de véritables cités habitées par une population active et commerçante. Ils commencent, petit à petit, à acheter les terres riches et productives du delta. Bien que le Chinois constitue une réelle valeur dans les pays où il se fixe, cet accaparement peut avoir de graves conséquences pour notre domination.

et que leur signature n'a jamais été protes-
tée.....

C'est fort possible et s'il en est ainsi, nous
pourrions peut-être nous consoler des accrocs
sérieux qu'a subi, de la part d'une poignée
de malandrins chinois, le portefeuille colonial de la France.

★
★ ★

Ce grand centre a donc quelque peu
changé depuis quinze ou vingt ans, mais,
bien que l'industrie, en nivelant les anciens
marécages, en perçant des rues et des boulevards, en jetant des ponts métalliques sur
ses cours d'eau, ait donné à certaines parties
de la cité une physionomie presque occidentale, Cholon a gardé, dans son ensemble,
son cachet de ville chinoise, avec ses agglomérations singulières, ses entassements de
maisons, ses ruelles étroites, ses labyrinthes,
et ses flots de population bariolée. Dans les
quartiers voisins du marché central, on se
croirait à Canton ou à Fochow, tant les
hommes et les choses ont conservé leur
caractère propre, leur coup d'œil spécial.

Une visite à Cholon est, pour l'Européen,
un passe-temps des plus intéressants, une
promenade aussi instructive qu'agréable.

Dans ces ruelles dallées, au fond des obscures impasses, grouille une population laborieuse qui exploite tous les corps de métiers.

Après avoir longuement visité les grands magasins de la rue de Canton et les entrepôts du quai de Gialong, sur les berges du fleuve, on tombe sur un peuple actif et intelligent d'ébénistes, de tanneurs, de savetiers, de ferblantiers, de tisseurs, de verriers, de forgerons, de tourneurs d'ivoire.

Rien ne saurait donner une idée de l'adresse jointe à la patience de ces vastes associations ouvrières, dont la concurrence future est une sérieuse menace pour l'Occident. Allez donc visiter une verrerie, dans la rue de Canton, ou l'avenue des Marins, et observez l'habileté de ces fils du céleste empire qui travaillent en grande partie pour la nourriture et pour un salaire modique, tout le long du jour.

Cholon est surtout le grand marché des riz et sur la rive gauche du *Logom*, huit usines énormes chauffent nuit et jour pour l'exportation, représentant, toutes réunies, plus de dix mille chevaux de force.

Malheureusement, tous ces moulins à riz appartiennent à des sociétés chinoises. Deux d'entre elles ont été fondées, toutefois, à l'aide de capitaux sino-européens.

Cet immense matériel vient entièrement d'Angleterre. Nos compatriotes se sont laissé enlever sur une terre arrosée de leur sang et conquise par leurs armes, la plus belle affaire de ce pays.

Et encore aujourd'hui, en présence des bénéfices inattendus fournis tous les ans par les décortiqueries à leurs actionnaires, aucune société française ne songe à entrer en concurrence avec les étrangers. La place est cependant illimitée, puisque la culture du riz prend journellement une extension magnifique. Où est la raison de cette infériorité et de cette apathie ?

*
* *

De toutes les curiosités qui peuvent attirer le voyageur dans la ville chinoise, les pagodes et les temples doivent être placés au premier rang.

Cholon compte environ trente pagodes dont dix principales et entretenues par les congrégations [1].

---

1. En Extrême-Orient, ce mot *congrégation*, lorsqu'il s'applique aux sociétés chinoises, n'a rien de religieux

Chaque congrégation [1] (ou si l'on veut chaque pays, chaque dialecte) a la sienne, rivalisant de luxe et de richesse avec celles des autres districts.

Tous les ans, et même plusieurs fois l'an, des fêtes somptueuses marquent les cycles sacrés ou les religieux anniversaires. Les riches commerçants de Cholon, si parcimonieux et si prudents en affaires, deviennent d'une prodigalité proverbiale, lorsque les intérêts du culte et de la pagode sont en jeu.

A part deux temples attribués au culte de *Quan-Dê* ou *Kouan-Ti* et l'oratoire de *Dzifou-hoï* réservé au sorcier, vulgairement applé *Ong-Bông* par les Annamites, presque tous les lieux sacrés honorent d'une façon particulière la *Bn-Quan-Am* des Indo-Chinois, la déesse procréatrice, connue sous le nom de *Mâ-Châu* sur toute l'étendue du céleste empire.

ni de sacré. Les gouvernements européens, pour mieux administrer les Chinois dans leurs colonies, les ont enrégimentés en congrégations, suivant les régions auxquelles ils appartiennent.

1. En Indo-Chine, il existe sept congrégations : Canton, Phuœ-Kien, Phuœ-Chau, Akas ou Hê, Tríeu-Châu, Haïnam et Annam. Chacune de ces sept sociétés immigrantes possède à sa tête un chef responsable, reconnu et agréé par le gouvernement français.

Telles sont les pagodes de *Bay-Phu-Ba* à l'angle de la rue de Cây-maï et boulevard Lareynière, de *Ong-Lam* ou des sept congrégations ; de *Bà-Chùa* ou de *Tam-Sòn*, rue de Canton, de *Ba-Ma-Châu* ou de Haïnam, située rue des Marins.

Le plus célèbre de ces temples est celui de *Chùa-Bà*, qui mérite une visite spéciale. (*A-Pho*, en chinois).

Tous les ans, au dix-huitième jour du troisième mois, les célestes se réunissent en grande pompe pour y fêter sa dédicace ou anniversaire, auquel tout Cholon est convié.

Là, dans une niche entourée d'or, trône la déesse de la Miséricorde, au milieu d'un amoncellement de présents et d'ex-voto.

C'est surtout à l'époque du *Têt*, jour de l'an chinois, qu'il faut visiter les pagodes et la ville.

La fête du *Têt* tient une grande place dans la vie sino-annamite.

C'est l'époque des baux et des contrats. C'est de ce jour que partent les dates marquantes. — Quand réparerez-vous votre maison ? *An Têt !*

Quand marierez-vous votre fille ; quand ferez-vous honneur à votre signature ; quand

irez-vous en Chine? *An Têt*! Ah! les jours
attendus, si ardemment désirés du pauvre
comme du riche! Devant l'autel du foyer
domestique, que n'effleure même pas le
souffle empesté des saturnales légalement
permises, qui, pendant ces trois jours se
déchaînent sur les pays, les castes seront
confondues; le *lay* respectueux, le *lay ventre
à terre* du misérable suivra celui du million-
naire accapareur des riz.

C'est la fête démocratique par excellence,
la grande niveleuse, plus clémente que la
mort. Ah! combien ces fêtes du foyer, où
revivent les souvenirs héréditaires, feraient
du bien aux socialistes haineux de France,
leurrés, abusés par des théories égalitaires,
théories que les habitants de ce pays ont,
depuis des siècles, mises en pratique.

Un vent de charité passe, ce jour-là, sur
les toits de chaume. L'obole du riche se con-
fond avec la sapèque de zinc du peu fortuné:
elles tombent ensemble dans la sébile du
lépreux, pour trois jours ami du foyer, dont
la présence réjouit, porte-bonheur des âmes
charitables. La mendicité reprend ses droits
pendant la fête; le mendiant repoussé des
villes par des lois sanitaires, est le vrai roi
du *Têt* :

« Soyez doux, charitables ; évitez le scandale sur la voie publique,

« Restez chastes, sans souillure de l'âme ni du corps. Recueillez-vous dans vos demeures, près de l'autel des ancêtres ; songez à ceux qui ne sont plus et qui viennent *des profondeurs*, afin de retrouver les lieux aimés, les êtres chers qui furent leurs parents ou leurs amis, pendant l'existence. Oubliez les affaires profanes, vaquez seulement à vos dévotions.

« Réunissez tous vos enfants sous le même toit, apprenez-leur à respecter les ancêtres. Que tous vos moments soient à la joie de vivre heureux, charitables, compatissants aux misères d'autrui..... Tous les hommes sont frères, tous les hommes sont égaux. N'oublions pas que nous tenons tous ces dons du Ciel et que lui seul peut nous les retirer, si nous en faisons un mauvais usage.

« Mauvais commencement, fin détestable. Mauvaise fête, mauvaise année ! »

Ainsi s'expriment les livres de morale sino-annamites. Voilà des préceptes qu'il serait bon, au début de l'année nouvelle, d'inculquer à nos bons *radic-soc* d'Occident.

*
* *

Saturne a déployé son manteau sur l'immense Empire et sur ses dépendances géo-
graphiques ; pour trois jours, les dernières
conquêtes morales de la civilisation et du
Code resteront lettre morte dans le pays.
Heureux jours qui vont permettre la libre
extension du vice favori des Annamites. Le
jeu effréné, la passion comprimée pendant
douze mois et tenue en respect par des lois
draconiennes, va enfin pouvoir se donner
libre carrière sur les tables de *ba-quan*.

Les femmes étaleront leurs bijoux, déser-
tant pour un jour le *Cubiculum* jaloux du
maître chinois non partageux, qui ose empri-
sonner, des années durant, ces pâles formes
féminines qui n'ont du sexe que la douleur.

Oh ! Ces pauvres petites Chinoises aux
lèvres carminées, au teint trop rouge, dont
les pieds comprimés suppurent dans des
cothurnes minuscules de fer et d'acier. On
va donc pouvoir les contempler au passage,
dans leurs voitures de maître, la fleur de
jasmin dans leur chevelure étagée sur leurs
têtes mignonnes en châteaux *moyenageux*.

Et, dans un mois, dans le décor triomphal

de la procession mirifique, quand le Dragon sacré heptacéphale promènera son char de par Cholon, nous verrons ces petits corps fluets à cheval sur des épées, perchés sur des sabres et des lances flamboyantes, proclamer du haut des échafaudages improvisés l'éternelle impuissance de la civilisation chinoise, aussi rapetissée, aussi pétrifiée et aussi racornie dans son passé séculaire, que les petits pieds suppurés des jolies Chinoises, pour lesquelles la liberté et l'espérance furent toujours un vain mot. *An Têt, an Têt!*

V

LES FÊTES CHINOISES A CHOLON

La procession du Dragon. — Les congrégations chinoises. — Rivalités commerciales. — Groupements et associations. — Le char du Dragon. — La théorie des vierges. — Le tir des pétards. — Les sociétés chinoises. — Le Dragon des mers de Chine. — Découverte d'un monstre marin dans la baie d'Along. — La fête des personnages divins à la pagode de Hainam. — La cérémonie religieuse. — La procession et les oraisons funèbres. — Les génies de l'Olympe. — Douces figures. — La mémoire de Tseng-Cis-Khan.

Un événement qui, par sa solennité, fait oublier, pour un instant, la rapacité légendaire des Chinois, leur âpreté au gain extraordinaire, c'est celui qui nous ramène tous les ans la procession religieuse du grand Dragon. Elle n'est pas banale, en effet, cette procession fastueuse, à laquelle prennent part les cent mille fils du Ciel de la cité chinoise, depuis les enfants en bas âge jusqu'aux vieillards décrépits. La fête du Dragon, le *Yun-cô*, comme ils l'appellent dans

leur langue, est aussi l'occasion de somptueuses saturnales dans les riches intérieurs.
C'est la fête nationale, pour ainsi dire, où le
patriotisme est remplacé par cette cohésion
religieuse, par cet avatar de la superstition
qui soulève les masses dans un même élan.

Quand la saison pluvieuse est près de finir
et que les nuages de la mer, poussés par les
moussons, viennent sur l'aile des vents du
large apporter aux terres altérées un peu de
fraîcheur, le Dragon fabuleux secoue
bruyamment ses ailes fantastiques.

Dans un éternuement épouvantable, il fait
tressaillir au sein des campagnes chinoises
et annamites, des bords de la mer Jaune aux
confins de l'océan Indien, les populations
bariolées qui croient à son existence.

L'Annamite qui a *mangé* son *Têt*, ou premier jour de l'an familial, songe à fêter
dignement la divinité redoutable des régions
supérieures.

Le Dragon n'est pas, à proprement parler,
une divinité de l'Olympe chinois.

C'est un animal fantastique, horrible et
effrayant, dont les divinités du ciel se servent
pour se transporter d'un endroit à un autre.
C'est le divin messager de l'Empyrée, qui
vient s'offrir de lui-même à celui qui désire

se transporter dans l'espace, chargé d'une mission quelconque chez les mortels. C'est pourquoi les Chinois représentent souvent leurs divinités assises sur un dragon à la gueule enflammée, dont les ailes de chauve-souris se déploient d'une façon étrange.

Le Dragon des légendes sémitiques a-t-il une relation quelconque avec ce géant des airs?

Ces croyances venues probablement de l'Inde ont dû rayonner en Orient et en Occident, peuplant les cosmogonies d'êtres à l'aspect fantastique.

Les Égyptiens possèdent pareillement, tout aussi bien que les Kmhers dans leurs manifestations sculpturales, des Dragons à peu près semblables à ceux des Chinois.

Pour ces derniers, c'est le Dragon qui fait tomber la pluie bienfaisante. Quand il vient boire aux sources, aux rivières ou même à la mer, sa trompe va s'enfoncer dans les flots en tourbillonnant avec un bruit de tempête. Son passage est toujours accompagné de quelque malheur.

Qui n'a vu le Dragon par un jour d'orage se mouvoir à travers la campagne? Les trombes, les tornades et les cyclones sont causés par les déplacements de cet animal.

La météorologie populaire des Chinois est depuis quatre mille ans à ce point stationnaire. C'est à désespérer du progrès!

La fête du Dragon est surtout la fête du commerce chinois, des grandes compagnies, des puissantes raisons sociales.

Il fournit aux sociétés rivales une occasion d'éclipser les voisins plus petits.

Tout Chinois doit contribuer à fournir l'argent nécessaire à la procession solennelle. De mémoire d'homme, on n'a encore jamais vu un Céleste refuser sa participation obligée.

D'ailleurs, les rivalités commerciales si vives, si terribles chez les Chinois, cessent aux approches de la fête. Il est dit dans leurs livres de morale que pour célébrer une date si importante, le cœur doit être pur.

Une trêve de Dieu est aussitôt proclamée à travers la ville.

Il n'y a plus de congrégations, plus d'inimitiés locales, plus de divisions d'intérêt. Il n'y a plus, ce jour-là, que des fils du ciel mus par un sentiment unique; l'altruisme se retrouve dans les bas-fonds de la société.

Il ne faudrait pas croire que tout est rose dans la société chinoise. Des rivalités sourdes, nées de l'intérêt et de l'appât du

lucre, mettent souvent des quartiers en feu.
S'il y a unité de costume, de religion, il n'y
a pas unité de langue, unité d'idéal, unité
d'intérêt.

Des divisions terribles s'élèvent parfois
dans les centres et la force armée, seule, est
capable de remettre les choses au point.

Le jour du premier solstice d'été, à
l'époque précise de la pleine lune, les congrégations s'ébranlent au signal de leurs
chefs. La réunion a lieu à la pagode de la
Miséricorde, la déesse-femme dans laquelle
les Chinois, pas plus bêtes que les autres,
ont voulu incarner l'amour. C'est à la pagode
de la Ba-quan-Am que les porteurs de ban-
nières, de fanions, les acteurs, les joueurs de
trompette se rassemblent. Trente mille
hommes vont prendre part à la manifestation.

Il n'y aura de femmes dans le cortège que
ces petites filles au teint carminé, aux lèvres
de pourpre et qui, grâce à leur virginité,
peuvent prendre part à la cérémonie.

Ces jeunes filles groupées en joyeuses
théories, juchées sur des estrades imitant
des autels, des monticules ou des grottes,
contribueront à rehausser l'éclat de la procession.

Quelques-unes attirent les regards de la
foule par des poses extraordinaires.

Couchées sur des poignards, elles paraissent souriantes comme sur un lit de roses. Le truc sur lequel elles reposent est entièrement caché aux regards des spectateurs.

Une de ces enfants, âgée de dix ans à peine, est debout sur une paire de sabres effilés.

Souvent, des accidents viennent ensanglanter ces fêtes religieuses. A Phnom-Penh, l'année dernière, une jeune fille fut ainsi éventrée en tombant. Les porteurs de drapeaux, d'oriflammes sont légion. Les Chinois ont mobilisé les campagnes environnantes.

Cinq mille petits garçons, tous payés par la pagode, brandiront les couleurs religieuses, en criant comme des forcenés.

Notez bien que dans ces manifestations, le sentiment national ne paraît nullement. Même dans les grandes occasions, les Chinois ne font jamais de politique; ils ne la comprennent pas. Heureux peuple que nous accusons d'infériorité ethnique!...

Les groupes appartenant, soit à des maisons de Cholon, soit à des sociétés commerciales considérables, sont séparés par un étroit espace. Chaque groupe porte une bannière et une lanterne monumentale sur laquelle, la nuit, la raison sociale se détache en lettres d'or.

Tout Chinois qui se respecte doit, ce jour-là, faire partie de la procession et y être représenté. Seuls les impotents, les gardiens et les pompiers restent à la maison centrale, pour surveiller, pendant leur absence, les intérêts des patrons.

D'abord, les pagodes des sept congrégations, métropolitaines ou secondaires, les petites chapelles où résident les sorciers et les ermites ; les sanctuaires renommés, objets d'une vénération particulière, mettent en branle leurs bonzes et leurs assistants.

Un mois avant le *Yun-cô*[1], le bonze, tout de jaune vêtu, parcourt les rues de la ville, s'arrêtant de porte en porte pour recueillir l'obole de chacun. Il reçoit mollement, sans un remerciement ni un sourire, sans qu'un muscle de sa face vienne trahir sa pensée, tant il est persuadé que chacun doit faire son devoir en cette circonstance solennelle.

Toutes les maisons de commerce de Saïgon et de Cholon contribuent généralement, et chacune séparément, à la grandeur de la fête. Après avoir fourni à la caisse des pagodes une certaine somme, elles doivent, au

---

1. C'est le nom que les Chinois donnent à cette fête religieuse.

moyen de leur personnel, former un groupe spécial.

C'est ainsi que chaque négociant a sa bannière couverte de caractères qui ne sont que la reproduction de sa raison sociale, accompagnée de devises et de mots de ralliement.

On ne peut se faire une idée des rivalités pacifiques qui, à ce moment, se font jour dans ces groupes. Chaque maison de commerce essaye de surpasser, d'éclipser même, sa voisine par le nombre de ses oriflammes, de ses lanternes multicolores remplies de lumières, de ses pavillons étincelants.

Les rois de la finance tiennent la tête, avec *Ban-soon-An*, *Tan-en-Bok*, *A-pan* et *Nam-Long*. Les grosses sociétés qui monopolisent le commerce du riz, suivent en bon ordre. Puis c'est le tour des grands magasins de soieries de la rue de Canton ; le menu fretin est dispersé çà et là, encadré au milieu des grandes compagnies qui couvrent de leur pavillon protecteur leur raison sociale de moindre envergure, mais qui, peut-être, grandira un jour.

Chaque groupe, chaque pagode et même chaque raison sociale a sa musique particulière, ne s'occupant aucunement de celle de

son voisin, exécutant ses morceaux à sa
manière. On juge de la cacophonie indescriptible qui règne au sein de cette foule
grouillante dont le chiffre atteint à Canton
et dans les grandes villes chinoises, jusqu'à
trois cent mille processionnaires, dans les
années exemptes d'épidémies[1].

Le soir, la procession offre un coup d'œil
féerique. Les milliers de lumières, les tor-

1. Avant qu'une administration tracassière eut em-
pêché le déploiement de ces fêtes, le Dragon construit
en Chine coûtait jusqu'à quatre mille dollars. La Douane,
les règlements policiers ont tout tué dans cette ville
chinoise qui n'a d'original que le nom.

M. le Myre de Vilers craignait énormément les Chinois; il voyait toujours des soulèvements formentés par
ce peuple paisible qui ne songe qu'à trafiquer et à s'enrichir.

Il interdit la grande procession, celle dont la tête
était à Saïgon et dont la queue sortait encore de Cholon-Ville. Cent vingt mille hommes y prenaient part
tous les ans.

Le gouverneur redoutant une trop grande agglomération de peuple dans un endroit restreint de la capitale, préféra, par mesure de prudence, interdire la
procession.

Au lieu de dépenser cent cinquante mille dollars, les
Chinois n'en jettent plus que cinquante mille en pâture
à l'animal de leur rêves. L'importation des pétards et
des artifices a notablement diminué de ce fait. Il y
aurait cependant là, une source de sérieux bénéfices
pour la douane, mais des règlementations puériles res-
treignent énormément cette consommation.

ches, les feux de bengale percent, en serpentant le long des rues tortueuses, l'obscurité intense de la nuit.

Partout le bruit des bombes et des pétards ébranle les édifices, couvrant la ville entière d'un nuage de poudre. (On brûle à cette occasion, à Cholon-Ville, plus de cent mille francs de pétards.)

Ce n'est pas sans discernement que sont jetés ces artifices qui craquent, à l'instar d'une fusillade, et dont le crépitement lointain s'entend de toutes les directions.

Au passage du Dragon-volant, plusieurs hommes, devant chaque maison, sont préposés à cet office.

Les riches étalent pendant la journée, comme une marque de piété, comme un trophée commercial donnant la mesure de leur aisance, les montagnes d'artifices qu'ils doivent brûler le soir.....

Voici venir un être humain, ruisselant de sang, les cheveux en désordre, les joues percées d'aiguilles et de lames de couteau!!.

Il brandit des deux mains, des sabres effilés avec lesquels il se fait des entailles.

De temps à autre, il essuie ses plaies sanguinolentes avec des carrés de papier argenté, qu'il jette à la foule avide. Cet homme, c'est le sorcier, le devin des pagodes, le *Ong-bong* redoutable, qui guérit les maladies, jette des sorts terribles et prédit l'avenir.

Au même instant, un bousculement se produit devant les portes des demeures ; les tireurs de pétards s'apprêtent à faire feu de toutes les batteries.

Et des paniers d'artifices s'enflamment, enveloppant le tréteau sur lequel est juché le saint homme, que les porteurs en dansant promènent sur les pétards.

On fait à la hâte quelques bribes de cérémonies sur son passage. On brûle des papiers bénits, on allume des cierges, on répand du vin de riz, etc., etc. De ces cérémonies dépendront le bonheur et la prospérité de l'année tout entière.....

Les pagodes annamites suivent derrière avec leur garde-robe défraîchie.

Leurs ornements loqueteux tranchent sur la richesse chinoise comme une sapèque de cuivre à côté d'une pièce d'argent.

Et la musique infernale recommence, mariant le bruit strident des cymbales de cuivre avec les détonations lugubres du tam-tam.

C'est le tam-tam de la pagode, grosse

caisse démesurée et fort lourde, recouverte d'une peau de buffle ou d'éléphant.

Les tam-tams en métal, ou gongs, sont plus agréables à entendre, quand ils sont frappés avec régularité par de vrais connaisseurs.

Et le cortège s'épand dans la ville, bruyant, tintamarresque, déchirant.

Un nouveau venu chercherait vainement au milieu de tous ces bruits formidables, une idée de culte, mais le penseur et le philosophe qui savent réfléchir et observer avec justesse, dégagent de ce fatras l'idée maîtresse, la raison pure de cet ébranlement colossal, de cette force cachée, qui pousse tout un peuple à ces manifestations religieuses.

Sur leur base inébranlable et éternelle reposent la vie, le progrès, l'évolution des nations orientales, qui représentent sur notre planète plus du tiers de l'humanité.

*
* *

Il est permis de se demander, en présence d'une découverte sensationnelle, qui fit, il y a deux ans, quelque bruit de par le monde, dans les revues scientifiques et surtout dans la presse d'Extrême-Orient, si le Dragon, tel qu'il est représenté dans les pagodes, est entièrement dû à l'imagination fertile des Chinois. Les faits que nous allons raconter nous autorisent à penser que cette représentation apocalyptique relève plutôt d'une antique réminiscence dont le vague souvenir perdu dans la nuit des âges, prouverait que nous sommes loin de connaître tous les animaux fantastiques vivant au fond des mers. Nous laissons la parole à M. le lieutenant de vaisseau Lagrésille, le distingué commandant de la cannonière *Avalanche*, qui avec une amabilité dont nos lecteurs lui seront assurément redevables, a bien voulu donner au *Courrier d'Haiphong* ces intéressants renseignements :

« Au mois de juillet dernier, l'*Avalanche* apercevait pour la première fois au large de la baie d'Along, deux animaux de forme bizarre et de grande dimension ; leur longueur fut évaluée à environ 20 mètres, et leur diamètre à 2 ou 3 mètres. Ce qui caractérisait ces animaux, c'est que leur corps n'était pas rigide comme celui des cétacés connus, mais avait des mouvements ondulatoires analogues à ceux des serpents, mais dans le sens vertical. Un canon-revol-

ver fut armé et un coup tiré à 600 mètres.
distance légèrement trop courte. Aussitôt
ils plongèrent en soufflant bruyamment et
laissant à la surface un remous analogue à
celui des brisants. Ils ne reparurent pas,
mais on avait cru apercevoir leur tête, qui
fut jugée de petite dimension.

Le 15 février de cette année, en traversant la baie de Faï-tsi-Long, j'aperçus de
nouveau plusieurs animaux semblables. Je
me mis aussitôt à leur donner la chasse et
fis armer les canons-revolvers. Plusieurs
coups furent tirés sur l'un d'eux, à des distances de 3 à 400 mètres, et au moins deux
projectiles l'atteignirent sans avoir semblé
lui faire le moindre mal, les obus éclatant à
la surface. Je cherchai aussi à l'atteindre
avec l'avant du bâtiment, mais sa vitesse
était supérieure à celle de l'*Avalanche*.
Cependant, chaque fois que cet animal
arrivait en des petits fonds, il rebroussait
chemin, ce qui me permettait de gagner sur
lui et ce qui prouva ses fortes dimensions.
Il émergeait fréquemment, et toujours on
remarquait ses mouvements ondulatoires.
Chaque émersion était précédée d'un jet
d'eau, ou plutôt d'une vaporisation de l'eau,
produite par un soufflement bruyant, à

l'encontre des souffleurs ordinaires qui aspirent de l'eau et la lancent à une certaine hauteur. La couleur de l'animal est grise avec *plusieurs nageoires* noires. On suivait facilement sa trace aux dégagements de sa respiration, qui formait à la surface de la mer, alors complètement calme, des cercles d'un diamètre de 4 à 5 mètres. A un moment, je crus l'atteindre ; mais il plongea sans doute, car il reparut derrière la canonnière. La chasse dura sans succès pendant une heure et demie, et dut être abandonnée à cause de la nuit qui se faisait.

Le 24 février, deux animaux semblables furent encore revus dans la baie de Faï-tsi-Long par l'*Avalanche* à bord de laquelle se trouvèrent M. le commandant et huit officiers du *Bayard*.

On donna la chasse à l'un d'eux pendant trente-cinq minutes, et à un moment donné on l'aperçut distinctement à environ deux cents mètres par le travers, flottant horizontalement. Il eut trois ondulations sans discontinuité, qui se terminèrent par l'apparition de sa tête, qui ressemblait beaucoup à celle d'un phoque avec les dimensions à peu près doubles. On ne put pas voir s'il y avait un cou, le reliant au corps de dimensions

relativement beaucoup plus considérables ;
c'est la seule fois qu'on ait vu les ondulations
se produire sans discontinuité ; jusque-là, on
pouvait croire que ce que l'on prenait pour
elles étaient les bosses qui apparaissaient
successivement ; mais de l'aveu de tous les
témoins, le doute n'est plus permis, car on
avait vu avant qu'elles se produisent, l'animal émergeant de toute sa longueur de la
même quantité. Deux des officiers présents
possédaient un appareil photographique, ils
auraient pu s'en servir à ce moment, mais
ils restèrent tellement surpris de ce qu'ils
voyaient, que quand ils songèrent à braquer
leurs appareils, l'animal plongeait pour ne
plus reparaître que beaucoup plus loin, dans
des conditions moins nettes et défavorables
à la prise d'un cliché.

En résumé, les animaux aperçus par
l'*Avalanche* ne sont pas connus. Leur
longueur est d'environ 20 mètres (chiffre
minimum), leur couleur grise et noire ; leur
tête ressemble à celle d'un phoque et leur
corps est sujet à des ondulations quelquefois
très accentuées ; enfin leur dos est couvert
de toutes sortes de dents de scie : ce qui leur
enlève toute ressemblance avec les cétacés
connus comme ces derniers ; ils dévoilent

leur présence par un soufflement bruyant, mais ils ne lancent pas un jet d'eau aspirée auparavant comme les baleines ; c'est plutôt leur respiration violente qui produit une sorte de vaporisation de l'eau, qui est projetée en pluie et non en jet. Incontestablement, ces animaux connus et redoutés des Annamites, doivent leur avoir fourni l'idée du *dragon* qui, modifié et amplifié par la légende, s'est, si je puis m'exprimer ainsi, *héraldisé* pour former l'emblème national.

Nous n'avons pas la prétention de rééditer ici l'histoire du fameux serpent du *Constitutionnel* de si curieuse mémoire. Nous pouvons affirmer, toutefois, qu'un grand nombre de personnes dignes de foi, des officiers français, de la division navale d'Indo-Chine, plusieurs colons sérieux et maints capitaines marins étrangers, nous ont certifié l'exactitude de ce récit. *Le Dragon oriental ne serait donc pas un mythe.*

Les Annamites de la baie d'Along, interrogés à ce sujet, témoignent hautement de son existence. Des individus de cette espèce mystérieuse et redoutable sont souvent aperçus sur les plages du golfe par les pêcheurs du littoral.

Il n'y a pas longtemps, deux de ces ani-

maux dormaient, côte à côte, sur le sable du rivage, non loin des houillières de Hong-gay. Le village indigène aussitôt prévenu, se rendit processionnellement et en grande pompe sur les lieux du prodige, où après maintes cérémonies propitiatoires, l'érection d'une petite pagode fut unaniment décidée. Dans ce temple minuscule perdu sur le rivage d'une île silencieuse, les navigateurs chinois et annamites ne cessent d'apporter leurs offrandes.

De prodigieuses histoires sont venues, naturellement, se greffer sur cet événement et dans les pays d'alentour circulent d'interminables légendes. Quoi qu'il en soit, l'existence de ces animaux inconnus ne saurait être aujourd'hui révoquée en doute[1].

1. Pour clore cette discussion, nous reproduisons une lettre adressée par M. N. H. Burge, 3ᵉ officier du vapeur *Pak-Ling*, au Directeur du Journal *The Hong-Kong Telegraph* au mois de juin 1898.

Hong-Kong, le 18 juin 1898.

« Monsieur le Directeur,

« Espérant que les lignes suivantes seront lues avec intérêt par le public, je vous adresse ici la description d'un animal vu du pont de mon navire et qui bien examiné n'est autre que le fameux serpent de mer dont on a si souvent parlé.

J'ai aperçu ce monstre vers onze heures du matin, le

Sommes-nous en face de cétacés extraordinaires, d'une espèce peu étudiée jusqu'à ce jour? La relation des officiers français de la division navale d'Indo-Chine est assez explicite. C'est bien un monstre de grande taille et non encore décrit dans les livres, que recèlent les profondeurs du golfe, et tout porte à croire que la féconde imagination orientale n'a pas créé, de toutes pièces, le redoutable et céleste Dragon des mers.

15 juin par 15° 10′ de latitude Nord et 112° 40′ de longitude Est.

La première fois qu'il fut aperçu, il nageait dans la direction du W. N. W. et se trouvait à peine à un demi-mille du navire. Sa vitesse était d'environ 4 à 5 nœuds et la ligne où son corps touchait l'eau était vue distinctement.

Sa tête et l'avant de son corps se redressaient à plus de 20 pieds (anglais) au-dessus de la mer et d'après mes calculs il doit avoir environ 70 pieds dans toute sa longueur et 6 pieds de largeur; sur son dos se trouve comme une immense crinière composée de longs poils ou de fines arêtes de couleur brune.

Il s'avance sur l'eau par séries de mouvements ondulants très gracieux.

Cet intéressant animal n'a pu être vu de nous qu'environ quatre minutes et il a disparu lorsqu'il ne se trouvait plus qu'à 200 yards du navire.

Veuillez agréer, etc.....

N. H. Burge,
3° officier du steamer *Pak-Ling*.

*
* *

La fête des mille génies ne se célèbre que tous les cinq ou six ans, dans la ville chinoise et c'est presque toujours la pagode de *Ba-Quan-Am* qui est choisie pour cette solennité. (Pagode de Haïnam.)

C'est la fête de l'Olympe Chinois, l'anniversaire solennel des illustres personnages, qui habitent l'Empyrée céleste, une manière de fête *Sanctorum omnium*, du plus pur confucianisme et relevant directement, surtout, du culte que tout citoyen du Céleste Empire doit aux mânes des ancêtres ou aux esprits des morts.

En entrant dans la grande cour de la pagode, on aperçoit de grandes constructions volantes, en bambou et en planches, où sur des gradins en amphithéâtre sont posées des offrandes diverses, par les congréganistes pieux.

Dans l'intérieur du sanctuaire et autour des autels, des groupes incalculables de personnages en carton pâte et en papier, couverts de somptueux habits, sont symétriquement rangés.

Rien n'est plus amusant que d'observer

ces fantoches richement équipés et dorés
sur tranches. Toute la séquelle des esprits
célestes y est représentée.

On les voit dans toutes les positions, dans
toutes les contenances; assis ou debout,
dans une attitude guerrière, la moustache
tombante, et caressant une barbe touffue
empruntée à la queue d'un vulgaire cheval.

Personnages marquant dans la hiérarchie
humaine, généraux célèbres par leurs batailles, lettrés heureux aux examens, grands
capitaines légendaires et princes de la couronne montés sur des dragons célestes, ou
chevauchant à travers les nuages sur un
oiseau fantastique, de dimensions inconnues;
figures rébarbatives de diables en délire;
géants et colosses, nains et avortons, rien
ne manque à la sainte kyrielle, car il en
vient à toute heure, tout frais émoulus de
chez le cartonnier du coin.

Parmi les fumées d'encens et de bois odo-
riférant, qui s'élèvent des autels en volutes
bleuâtres, ces milliers de figures grima-
çantes acquièrent quelque chose d'oriental,
d'étrange, qui n'est pas de notre concept.

La foule bigarrée des indigènes ne cesse
de circuler autour des figures multicolores,
avec un sérieux qui n'a d'égal que leur
naïveté.

C'est bien là que se révèle le côté enfantin
de ce peuple qui a mis la religion dans les
choses les plus insignifiantes de la vie.

La pagode de Haïnam à deux pas de la
gare du tramway, est une des plus célèbres
de l'Indo-Chine.

Tous les soirs vers huit heures, imposante
bénédiction papale, donnée par le Grand
Bonze Chinois de la Cochinchine, délégué
du Synode général de Haïnam et de Canton,

Le vieil anachorète coiffé d'un grand bon-
net ressemblant à une mitre fait plusieurs
fois le tour du sanctuaire, les mains jointes,
suivi de tout le clergé.

Les bonzes de première, deuxième et
troisième catégorie l'accompagnent processionnellement, portant des brûle-parfums et
des cierges, tandis que, au milieu de la nef
illuminée, une musique infernale ne cesse
de jouer.

Tout à coup, les tam-tams deviennent silencieux, la procession finit. Le pontife
prend des airs inspirés et, devant le flot des
fidèles, qui s'ouvre sur son passage. continuant seul sa marche sacrée au milieu des
statues, il entonne un chant monotone, un
air de mélopée funèbre d'une grande tristesse, pareil à une phrase de plain-chant.

Parfois il s'arrête devant un personnage et prononce quelques paroles de louange en son honneur :

« Salut à toi, grand capitaine dont la gloire plus resplendissante que cent soleils, vivra éternellement dans la mémoire de l'histoire.

« — A toi, gardien des portes de l'Empire des morts, serviteur d'*Amphu*, grand médecin, secoureur de l'humanité, maître de la vertu des simples, gloire et mille bonheurs ! *Phouk Phouk!!*

. . . .

« — Et toi, insaisissable esprit, *Phien* redoutable, dont la face inspirait la peur aux ennemis ; voix de tonnerre, main de marteau qui écrase la tête des méchants, etc.....

. . . .

« — Saint homme de bien, indifférent du los, aussi bien que des injures, qui fus charitable pendant la vie ; riche aux pitoyables entrailles ; ventre toujours accessible à la plainte du mendiant. Bienfaiteur des temples et des monastères, paix et tranquillité, etc...

« — Heureuse déesse, épouse fidèle du prince *Hi-Tong-Se*, douce et compatissante, qui voyages dans le ciel à côté de Maya (Mahau en Cantonnais) l'étoile de la mer, et qui, portée sur le Dragon ailé, dévores les espaces célestes, etc.....

« A vous tous qui régnez en Haut, Immortels Génies aussi grands que des montagnes, bienfaiteurs vulgaires et oubliés, hommes au cœur droit, qui ne connûtes jamais l'injustice, qui fûtes bons et compatissants, en cette passagère existence, régnez dans la gloire et l'immortalité [1]. »

. . . .

Et la musique infernale recommence au milieu d'un épais nuage d'encens, de fumée odorante, qui d'un *sacrificatorium* monumental en bronze, se dégage en spirales bleues. Et les montagnes de papier argenté, cette monnaie funéraire des trépassés, brûle dans les cours adjacentes. On en jette des

---

1. Durant les fêtes importantes du calendrier chinois, les Célestes observent très étroitement les prescriptions religieuses de leur culte.

Ainsi, depuis le commencement de la *fête des personnages*, le jeûne, le recueillement, les aumônes, les dons aux pagodes, les bonnes œuvres diverses leur sont recommandés. Pendant les dix jours que doit durer la solennité, il n'est pas un seul foyer qui ait négligé le jeûne de rigueur prescrit par le culte. Ce jeûne consiste à ne faire qu'un seul repas important dans la journée, avec abstinence complète de tout ce qui a eu vie, tels que mets préparés avec de la viande ou du poisson. Les œufs ne sont même pas tolérés. Il est très rare de trouver un Chinois qui ose se soustraire aux exigences du culte. L'incrédulité est chose inconnue en Extrême-Orient.

brassées dans les récipients immenses, où la cendre amoncelée forme un amas fumant.

Après la fête, cette cendre blanche, pieusement recueillie, sera arrosée d'eau lustrale et distribuée aux fidèles pour guérir les maladies malignes et les mauvais sorts.

La foule recueillie un instant sous la parole pontificale, a repris son air de fête, cet air demi-souriant qui, dans les cérémonies religieuses, illumine d'une tranquillité vague la face glabre de ces heureuses populations; regard d'étonnement qui semble plonger dans l'au-delà du rêve, vision très nette de choses mystérieuses dans ce monde inconnu où règnent les âmes de ces *personnages*, dont la tangible image est là devant eux. Besoin intense d'illusions, d'idéal suprême, expression d'un atavisme quarante fois séculaire et que cent générations de progrès occidental seraient incapables d'oblitérer!..

A Canton, une fête semblable est célébrée à cette heure, ainsi que dans tous les sanctuaires importants de l'île de *Haïnam*. Mais à Canton [1] les *personnages* célestes sont burinés dans la pierre et le bronze; plusieurs

---

1. La pagode de Haïnam, ou des mille Génies, à Canton, possède une renommée universelle.

statues sont même en or ou en argent. C'est
un des monuments les plus curieux de la
ville chinoise. Dans ce temple de *Tous les
Saints*, des milliers d'icones sacrées reposent
sur les dalles. Les Chinois affirment que les
anciennes remontent à plus de trois mille ans.

Certaines statues brunies par la patine du
temps portent visiblement l'empreinte des
siècles : Images mal venues dans le creuset
du fondeur inhabile, tangibles représenta-
tions d'ancêtres lointains, dont le souvenir
est perdu dans la nuit des âges, icones gros-
sièrement martelées ; génies superbes au
nimbe vaporeux à peine transperçant la légende ; hommes de guerre, révolutionnaires
redoutables, qui firent plus d'une fois trembler les vieilles dynasties sur leurs trônes ;
grands capitaines, compagnons de guerre du
terrible *Ti-Mour-Leng* et de *Tseng-Gis-
Khan* [1] qui rougirent de sang humain les

1. Les Chinois n'ont pas encore perdu le souvenir de
l'illustre homme de guerre, qui noya dans le sang une
partie de l'Empire du Milieu.
La légende s'est emparée de cette mémoire fantastique, et encore sous la tente, les Tartares du Nord
racontent ses hauts faits d'armes et ne prononcent son
nom qu'avec terreur. A travers les années, la figure de
ce redoutable tueur d'hommes dont le plaisir fut de
dresser des pyramides de têtes sur les champs de bataille qu'il avait conquis, apparaît comme une personni-

fleuves colosses de la Chine ; penseurs pacifiques, créateurs de religions et de systèmes ; législateurs et philosophes ; qui ra-
contera leur histoire et qui dira leur destinée ?...

Et vous, belles figures de Bouddha, de
Confutze et de Laotzeu, fronts illuminés par
la prière et le rêve ; qui percera votre mystère, figures toujours imposantes figées dans
la pensée des siècles ; qui fîtes vibrer le
cœur de tant de millions d'hommes ; figures
toujours douces, souriantes toujours !

fication de l'incendie et du carnage. Ce nom fait encore
trembler Septentrion !

Les Chinois, toujours grands amateurs de grossisse-
ment historique, ont fait de cet homme un géant, un
génie colossal, à jamais égalé. Le tribut que les Français
enthousiastes paient à la mémoire napoléonienne n'est
rien à côté de la vénération inouïe, inspirée par ce *man-
geur* de *cadavres*, dans les régions du Nord. Déifié, adoré
divinisé, *Tseng-Gis-Khân* a un culte et des temples.
Jamais mémoire humaine ne laissa de si profonds souvenirs. Du reste, les Chinois affirment que l'illustre
général ressuscitera 700 ans après sa mort ! Son cercueil,
religieusement gardé par ses descendants, est l'objet
d'un culte particulier sous la tente royale, et ses historiens ajoutent que sa lance plantée en terre devant le
mausolée modeste, est toujours tenue par la main invisible du héros. La prophétie de sa résurrection vient
parfois secouer de terreur le trône branlant de la dynastie actuelle, qui a souvent, dit-on, cherché à s'emparer
de son tombeau.

VI

LE CULTE DE LA MORT CHEZ LES CHINOIS DE COCHINCHINE

Chinois contre Européens. — Cérémonies funèbres. —
L'idée de la mort. — Le céleste exilé sur la terre
étrangère. — Transport en Chine des restes des
morts. — Les exhumations chinoises dans la plaine
des tombeaux.

L'intérêt qu'ont pris nos lecteurs à nos
descriptions de la ville chinoise nous en-
gage à pénétrer plus avant encore dans les
dessous de la vieille cité.

Nous pourrions écrire des volumes sur
cette population hétéroclite des sept congrégations chinoises, que le costume seul et,
peut-être aussi les pratiques religieuses,
rendent superficiellement homogènes aux
yeux des occidentaux.

Les *maisons de thé*, les lupanars riches
où la prostitution *select*, recouverte de fleurs,
prend une étiquette particulière, arrêterait
aussi longuement nos regards.

Mais les aperçus que nous nous sommes proposé d'esquisser ne peuvent dépasser le cadre restreint adopté dans ce livre.

Plus tard, ces notes serviront peut-être à de plus observateurs que nous.

Il est donc admis généralement qu'un immense intérêt, qu'une vaste communauté de sentiments réunit les fils du Céleste Empire. Pour les yeux des Européens peu exercés, un Chinois, à quelque congrégation qu'il appartienne, *doit* posséder, vis-à-vis de tous ses compatriotes, cette solidarité intense, cette amitié qu'on observe chez quelques-uns.

Nous regrettons d'enlever une illusion de plus à tous ceux qui croient à l'homogénéité de la race chinoise. Cette solidarité parfaite, les fils du Céleste empire ne la retrouvent que lorsqu'il s'agit de lutter contre l'Européen.

Pas plus sous le rapport politique que dans le domaine des sentiments intimes, le Chinois du nord ne se rapproche du Chinois du midi.

Entre gens de provinces séparées par une grande étendue de territoire, l'abîme est considérable.

Chez le Céleste, le patriotisme est un mythe ; ce sentiment qui prend racine au plus profond de l'être, chez les nations occidentales, se traduit par un attachement très marqué pour le village ou la maison paternelle.

Le Chinois n'emporte jamais ses Dieux Lares à l'étranger. Il garde au foyer une fidélité si grande que les vœux de sa dernière heure consistent à demander que ses restes soient un jour transportés au pays natal.

C'est sur la terre des aïeux qu'il veut dormir son dernier sommeil, aux côtés de ceux qui fondèrent sa famille.

Malgré les multiples inconvénients inhérents aux exhumations et au transport lointain des cadavres, l'administration s'est vue obligée d'édicter des arrêtés locaux sur la matière afin de diminuer, le plus possible, les chances d'infection et d'épidémie.

Les Chinois enterrent peu profondément leurs morts et choisissent, toutes les fois qu'ils en ont les moyens, des bois de valeur, très durs et imputrescibles, pour la confection des cercueils. La plupart du temps, un léger monticule de terre, ou un petit tombeau en maçonnerie marquent la place provisoire de l'exilé, décédé sur la terre étrangère.

Dans cinq ans, une demande adressée au

gouvernement et visée par les chefs du service sanitaire, permettra aux parents de porter sur la terre des aïeux les restes de celui qui ne trouvera le repos qu'à l'ombre protectrice du sol natal.

Selon les Chinois, l'âme des morts erre tristement dans l'espace, jusqu'à ce que leurs volontés dernières aient reçu leur accomplissement.

En Chine, comme chez les peuples sémitiques, le culte rendu aux morts est considéré comme l'action la plus méritoire.

Nous avons souvent assisté à l'exhumation des cadavres, qui selon les arrêtés en vigueur en Cochinchine, ne doit avoir lieu que cinq ans après le décès.

Des scènes touchantes se passent au pied du trou béant au fond duquel les derniers coups de pioche retentissent.

L'émotion est grande, en effet, à l'ouverture du cercueil.

Et c'est bien là qu'on voit le mépris des choses de la mort, chez les nations orientales.

Toute la famille est réunie. Petits et grands, femmes et enfants, parents directs et collatéraux assistent à l'ouverture de la boîte funèbre.

Chez nous, en France, une jeune fille de douze ans serait tellement impressionnée par un tel spectacle, qu'elle deviendrait incapable de coucher seule dans une chambre durant de longs mois.

Et dire que les Orientaux, si froids devant la mort, éprouvent une telle épouvante à l'égard des esprits malfaisants qui viennent, la nuit, effrayer les vivants de leurs visions fantastiques !

Il est rare que le cercueil en bois dur soit directement expédié en Chine, avec les restes mortels qu'il contient.

Les Chinois se servent la plupart du temps de boîtes en fer ou en bois dans lesquelles les ossements sont empilés, et soigneusement enveloppés de linges.

Avant le départ des boîtes, les chefs de congrégation vérifient, en présence de la famille, l'étiquette scellée sur le couvercle et les lettres patentes qui accompagnent le funèbre envoi.

Le beau cercueil, très peu détérioré par un séjour restreint au sein de la couche de vase, resservira pour un autre, et c'est à un pauvre qu'il sera charitablement offert.

*
* *

A leur arrivée au pays natal, les restes des gens aisés sont soigneusement lavés par la famille et placés de nouveau dans un cercueil flambant neuf.

Il est très rare que les Chinois se fassent incinérer en Chine, l'idée qu'ils ont des choses de l'autre monde les empêchant de détruire les corps. Cependant, à *Bangkok*, en pays siamois, les Célestes qui meurent pauvres dans quelque quartier populeux de la ville chinoise sont transportés au *What-Saket*, ou temple des morts. C'est là que, subissant la loi commune dans ce pays contempteur de la mort, ils sont au préalable dévorés par les vautours et les chiens du temple, puis incinérés.

*
* *

Les idées professées par les Chinois au sujet de la survivance de l'âme humaine sont communes, sauf quelques rares variantes aux diverses congrégations.

Presque tous croient à la Métempsycose, à la réincarnation des âmes, après un stage variable dans les sombres demeures d'Anphu, le roi des ombres, chargé de juger les humains, la balance à la main.

Nos lecteurs pourront voir, dans plusieurs pagodes de Cholon, un tableau représentant les supplices horribles que le souverain Juge réserve aux malfaiteurs.

Là toutes les tortures inventées par l'homme dans tous les temps et dans tous les âges sont cataloguées et décrites, depuis la flagellation simple jusqu'au crucifiement raffiné.

Les tortionnaires, choisis parmi les bandits qui ont accompli leur peines, reçoivent directement leurs ordres d'un tribunal élevé, qui leur livre les victimes.

L'idée du Bouddhisme se retrouve à peine dans toutes ces croyances, affinées chez les plus éclairés et les plus capables par les études philosophiques du vague et sentencieux Confutze.

Mais le culte des morts tient toujours la plus grande place, comme si l'effroyable passage dans l'autre monde constituait, aux yeux du sage, une simple variante du cycle éternel et impérissable, autour duquel gravitent les êtres supérieurs.

Quelle chose indéfinissable et étrange que cette civilisation chinoise !

Pour certains observateurs, ethnographes savants de l'Europe, le Chinois est un être antédiluvien jeté au sein de l'humanité.

Il apparaît tel qu'une créature caduque et rétrograde, tel qu'une épave refluée sur la berge des âges, tel qu'un rocher immuable figé dans un arrêt complet de mouvement et de progrès.

VII

LA CONTREBANDE DE L'OPIUM
EN INDO-CHINE

La consommation de l'opium. — La Société du Ciel et
de la Terre. — Comment les Chinois exercent la contrebande. — Moyens employés. — Les compagnies
mystérieuses. — La ligue chinoise contre les diables
de l'Ouest. — Préjudices causés aux compagnies
maritimes. — Vengeances et rivalités. — Cholon
quartier général des contrebandiers. — Un convoi de
précieuse marchandise. — Les secrets du xylophone.
— Puissance de l'association chez les Chinois.

En considérant l'importance du profit à
réaliser, on concevra aisément l'ardeur intelligente de toute une classe d'adroits fraudeurs
dont l'esprit est toujours travaillé par quelque
invention nouvelle, pour permettre à la précieuse denrée de franchir, sans accident, les
lignes douanières, étroitement surveillées
par des agents spéciaux. L'opium coûte à
Calcutta, dans les magasins du gouvernement
anglais, 12 piastres environ le kilogramme ;
les différents États de l'Europe, qui adminis-

trent des possessions aux Indes néerlandaises,
aux Philippines ou en Indo-Chine, ayant frappé cette marchandise de droits exorbitants,
on comprendra, disons-nous, les efforts gigantesques déployés par les agents des
vastes Sociétés contrebandières, qui travaillent avec une habileté surprenante, sur
les frontières et dans les ports.

L'opium acheté par le gouvernement 12 à
14 piastres le kilogramme, est revendu 55 et
65 dollars par les fermiers généraux ou les
manufactures coloniales.

C'est donc cinq fois la valeur intrinsèque
de la marchandise, que ce produit recherché
réalise, en passant frauduleusement à travers
les mailles serrées de notre prohibition.

Des volumes seraient nécessaires pour
enregistrer, simplement et sans détails, les
innombrables trucs sortis des cervelles chinoises ; tout ce qu'une imagination fertile en
inventions extraordinaires est capable de mettre en lumière, a été essayé par les contrebandiers célestes dans les ports d'Extrême-
Orient.

Il ne faudrait pas croire que les nombreux
faits de contrebande que surprend journellement la douane européenne, sont l'œuvre de
gens isolés ne relevant que d'eux-mêmes,

malheureux coolies anonymes, commerçants en quête de gros bénéfices, toujours prêts à tenter quelque nouveau coup [1].

La contrebande d'opium possède en Chine de vastes ramifications, des sociétés parfaitement organisées, qui, sous le couvert d'un commerce honnête et rémunérateur, tiennent les fils compliqués d'une administration criminelle.

Les meilleurs contrebandiers se recrutent, d'ordinaire, parmi les adeptes fervents de la *Tien dia hoi*, ou *de la Kulao hui* (Sociétés du Ciel et de la Terre), espèce de franc-maçon-

1. Les Chinois tirent, tous les ans, d'énormes revenus de cette contrebande. Aucune mesure n'est parvenue à l'enrayer. L'Administration française, qui non seulement vend le poison aux indigènes mais qui s'est mise à le fabriquer dans les manufactures de l'État, devrait au moins avoir le bon esprit de le laisser à des prix abordables.

Elle vend, au contraire, l'opium à des prix exorbitants aux fumeurs indo-chinois. Il en est résulté une haine sourde contre notre autorité, que les Chinois entretiennent à merveille et qui peut devenir, dans la suite, une source de difficultés. Ce relèvement préjudiciable des prix de l'opium, loin de porter atteinte aux intérêts des Chinois, laisse une grande marge aux contrebandiers qui inondent de produit frelaté les villes et les campagnes. Les sociétés de Cholon réalisent, à l'aide de ce trafic, d'immenses fortunes évaluées, de l'avis des hauts fonctionnaires annamites, à plusieurs millions de dollars par an.

nerie universelle, sur les immenses territoires de l'Empire du milieu.

On sait aujourd'hui, par de récentes révélations, que les associés de ces criminels phalanstères couvrent d'une apparence d'humanité philantrophique les plus inavouables desseins.

Les affiliés n'entrent dans le cénacle supérieur (dans la troisième enceinte), qu'après un stage plus ou moins long, lorsque les chefs ont étroitement surveillé, pendant des mois et des années, la tournure de leur caractère, ou reconnu les aptitudes requises leur donnant accès dans la Société.

Ils écrivent leurs contrats avec du sang et jurent sur leur tête fidélité aux statuts secrets.

Ils s'engagent, d'abord, à faire une guerre acharnée à la dynastie tartare régnante, à semer, par des voies souterraines et secrètes, le désordre dans les masses populaires afin de fomenter des révolutions.

L'expulsion des diables étrangers (*Phan Quaï, Hong-mao Chot Quaï*, etc.) fait partie intégrante de leur programme. Les adeptes doivent, surtout, s'appliquer à ruiner leur commerce, à causer aux maisons européennes tout le tort qui sera en leur pouvoir.

La contrebande de l'opium, la plus rémunératrice de toutes, devait naturellement entrer dans leur application.

Les sociétés secrètes chinoises font un mal terrible, partout où on les a laissées s'implanter.

Au début de la conquête française, les associés de la *Tien dia Hoï* furent les meilleurs conseillers du roi *Thuduc* et les premiers organisateurs de la résistance annamite.

Dans tous les soulèvements, dans toutes les révoltes, on retrouve toujours la main sanglante de quelque affidé suspect.

Actuellement encore, diverses associations soi-disant religieuses minent sourdement, dans les campagnes annamites, l'existence séculaire de la famille et de la société.

Nous nous proposons d'en donner un aperçu à nos lecteurs, dans une prochaine étude; mais revenons à la contrebande d'opium.

★
★ ★

Pour un bon fils du ciel, toute perte infligée à un Européen, toute ruine commerciale organisée en grand ou en petit, dans les sourdes officines chinoises, constitue une prouesse remarquable qui vaut de vives félicitations à ses auteurs.

Les faillites, préparées de longue main, sont ourdies avec une habileté, une patience, qui désarment les jurisconsultes.

L'Européen, qu'il soit Anglais ou Français, Allemand ou Hollandais, est une proie toujours facile, toujours bonne pour un fils du Céleste Empire. La fuite, la disparition anonyme, le changement de nom ne sont, pour ces adroits brigands, qu'un amusement.

Il est donc admis, généralement, que la contrebande d'opium est le premier des commerces avec l'extérieur, surtout lorsque l'Etat est directement en cause.

Avec un fermier de même congrégation et de même race, les fraudeurs y regarderont à deux fois.

Dès l'instant que le *diable de l'Ouest* est le seul à souffrir de la fraude, la conscience s'élargit prodigieusement chez le Chinois.

Qui exposera donc tous les trucs inventés par les Célestes? Qui les décrira avec minutie, dans un traité spécial à l'usage des agents douaniers?

Quand un navire, quand une jonque arrivent en rade, l'employé doit toujours supposer qu'il existe de la fraude à bord. Les vapeurs européens sont moins suspects, en raison de la vigilance des capitaines; mais l'expérience nous prouve que la surveillance doit être de tous les instants.

Dans cette infernale nomenclature, les plus habiles y perdent leur latin.

Des mâts, qu'on croyait pleins, renferment des monceaux de drogue précieuse. Les plats-bords, les charpentes sont devenus de véritables magasins. L'ancre elle-même, qui gît au fond de l'eau, dans la vase immonde du fleuve, renferme des kilos de denrée noire, soigneusement dissimulée à l'intérieur du métal. C'est inouï! On ne voit rien, on ne trouve rien, et la fraude échappe aux investigations les plus minutieuses.

A Singapore, un agent de la ferme aperçoit une douzaine de Célestes descendus du navire venant de Chine, dont la démarche paraît suspecte au premier abord. On les fouille soigneusement, mais rien ne révèle la présence de la drogue. On examine leurs chaussures, et on finit par découvrir que les épaisses semelles sont creuses, renfermant chacune vingt taëls d'opium.

A Saïgon, il y a dix ans, sept à huit femmes chinoises, visiblement enceintes, descendent du navire, pour s'embarquer dans un sampan. Un employé, choqué de cette étrange situation, tâte le ventre des Célestes qui, malgré leurs cris, sont forcées d'accoucher en public, devant les magasins de la douane, de dix-huit à vingt boules d'opium! ....

Depuis, une femme assermentée fait passer aux Chinoises immigrées une visite spéciale!.....

Dans la tresse de trente Célestes on découvrit, un jour, plus de trois kilos de *chandoo* [1].

Un autre, plus adroit, avait imbibé ses vêtements de précieuse drogue, de sorte qu'il n'avait plus qu'à les détremper à domicile, pour la recueillir intégralement.

Une maison de commerce de Singapore recevait de Hongkong, à chaque courrier, une quantité énorme de chaises longues en bambou. Un accident fortuit, qui fit rompre un de ces meubles, permit de constater que, depuis plus de trois ans, la raison sociale *Tong-Seng-hee* faisait la contrebande, sur une vaste échelle, à l'aide de ce *moyen*.

Tous les bambous arrivaient remplis d'opium dont la vente frauduleuse avait

---

1. Nom donné en Extrême-Orient à l'opium des fumeurs, prêt à être livré à la consommation courante.

produit un bénéfice de plus de cent mille piastres.

Sous la quille des bateaux, dans l'arbre de couche des chaloupes, dans les endroits les plus retirés du navire, des cachettes sont souvent dissimulées par les contrebandiers.

Mais, voici un cas spécial, d'un ordre tout physiologique : Un Chinois fut dénoncé, un jour, par des espions de la brigade étrangère, comme contrebandier avéré. On établit une surveillance en règle autour de lui, on le fila, on lui ménagea des souricières ; rien ne put révéler ses faits et gestes criminels.

Pourtant, il exerçait notoirement la contrebande d'opium, et vivait du produit de sa fraude, les espions formellement l'attestaient.

Bien longtemps après, le même individu, victime de la vengeance d'une femme abandonnée, fut vendu aux agents qui purent, enfin, se rendre un compte exact de ses pratiques délictueuses.

Chose horrible et stupéfiante, ce contrebandier d'un nouveau genre avait habitué son *rectum* à devenir un vrai magasin de drogue, qu'il expectorait en temps et lieu.

Il était arrivé, après un long usage, à introduire dans la partie la plus secrète de son individu, six étuis hermétiques, en corne de bœuf, renfermant chacun quatre *taëls de Chandoo*, de qualité supérieure. Le médecin chargé de la visite secrète du bonhomme faillit mourir de rire, devant cette extraordinaire constatation. Bien entendu, nous n'engagerons jamais les agents de la brigade spéciale à porter si profondément leurs investigations de gabeleurs. Nous citons, toutefois, le fait pour mémoire, afin de montrer jusqu'où peut aller la sagacité et l'intelligence inventive des fils de l'Empire du Milieu !.....

*
* *

Souvent, aussi, pour ne pas dire presque toujours, les Compagnies de navigation sont les premières victimes de cette contrebande fructueuse.

Les produits de la fraude dissimulés, la plupart du temps, à bord du navire, par les agents des *Sociétés commerciales*, dont nous parlons plus haut, sont inconnus des armateurs et du capitaine.

Lorsque l'opium se découvre, par la dénonciation des mêmes employés de la Société, avides de toucher la prime règlementaire, on se trouve en présence de quelque coolie anonyme, malheureuse victime inconsciente d'un acte délictueux.

Les vrais coupables ont disparu, laissant sur la tête du capitaine et des armateurs une responsabilité toujours pécuniairement écrasante.

Il faut être juste. Si la loi frappait sans discernement les Compagnies de navigation, sans tenir compte de cette tendance que nous pourrions appeler nationale, en Chine, les navires n'auraient plus qu'à déserter notre rade, par crainte de cette épée de Damoclès menaçante, continuellement suspendue sur leur bourse : *La terrible contrebande d'opium*[1].

---

1. Bien des fois, des maisons de commerce rivales emploient l'arme redoutable de la contrebande contre leurs concurrentes, dont la prospérité croissante menace leurs intérêts. Des bandits du mercantilisme s'entendent entre eux pour déposer une certaine quantité d'opium, au départ du navire, parmi les marchandises du bord.

Il ne reste plus, alors, qu'à dénoncer le concurrent et à toucher la prime douanière, que l'administration réserve aux dénonciateurs.

Plusieurs Compagnies européennes ont subi de ce chef des pertes importantes, dont elles n'ont découvert la cause que longtemps après. Les auteurs sont presque toujours des Chinois.

*
* *

Tous ces exploits frauduleux relèvent directement de cet amour du lucre, de ce désir immodéré et toujours inassouvi de l'argent ! Aucune race n'a poussé plus loin l'art d'acquérir un pécule et d'arrondir, sous des apparences honnêtes, le magot originaire de ses premières opérations.

Le Chinois est un voleur habile ; comme contrebandier, il reste maître et inimitable sur toute la surface de l'univers.

Dans ce pays français, où les lois mitigées nous donnent un renom de bon caractère chez l'immigrant aussi bien que chez l'indigène, la fraude chinoise a établi ses quartiers généraux.

La résignation avec laquelle les contrebandiers surpris en flagrant délit payent les fortes sommes, nous a toujours laissé perplexe et nous a fait réfléchir.

Les vulgaires entremetteurs sentent derrière eux de puissantes maisons de Cholon, qui n'abandonnent jamais leurs employés fidèles et c'est avec une visible satisfaction que, vaincus par une fatalité du sort inéluctable, ils *crachent* les amendes formidables,

en se disant, peut-être, qu'ils ont assez gagné précédemment.

Une fois n'est pas coutume! Il suffit de
passer 5 fois sans encombre, pour combler
le déficit.

A travers les rues silencieuses de la ville
chinoise, quand le couvre-feu de minuit a
éteint les lanternes fumeuses des étalages,
les amateurs d'émotions pourront se laisser
glisser le long des murailles et surprendre
la trame de quelque conjuration, d'une fraude ou d'un crime, ourdie à la faveur des ténèbres de la nuit.

Nous avons consulté plusieurs policiers
rompus aux mille machinations des sociétés
criminelles; quand le ciel est sans lune, les
associations de voleurs et de contrebandiers
marchent, en groupes disciplinés, guidés
dans les ténèbres par des ordres inconnus et
des voix invisibles.

Il y a quelque dix ans à peine le truc n'é-
tait pas encore éventé! Ce qui n'empêche
que, de temps à autre, les contrebandiers
d'opium exhument prudemment leur invention surannée, passée, dans l'esprit des policiers, à l'état de vieille mécanique. Voici
donc la manière de s'en servir :

Quand un bateau ayant à son bord une

caisse d'opium arrive sous les ponts de la ville, les pisteurs immobiles sur la berge semblent écouter un cliquetis de baguettes sonores, frappées en cadence dans un vague lointain.

La précieuse *marchandise* se rapproche; plus près, aussi, s'entend le cliquetis des baguettes qui épand ses bruits de xylophone dans le silence du soir.

Pour convoyer la *chère* denrée, les contre-bandiers ont mobilisé tous les marchands de soupe, qui à défaut de cris trop bruyants, dans les rues désertes, appellent le client en battant, l'un contre l'autre, deux morceaux de bois sonores, et auxquels les Annamites ont attribué l'onomatopée assez juste de : *loc-cot loc-cot.*

Par extension, ce nom va jusqu'à la soupe de graillon, que vendent ces petits restaurants ambulants, promenés de par les rues de Cholon, sur les épaules d'un Chinois solide.

Et au coin des rues principales, le marchand de bouillon frappe suivant les conventions établies, ses deux lamelles de bambou, l'œil braqué dans l'embrasure des carrefours vides.

La caisse d'opium glisse dans un sampan,

sur les eaux tranquilles. Une sonnerie ha-
letante, saccadée, annonce de loin un événement insolite ; le sampan s'arrête pour continuer sa route quelques instants plus tard,
car un redoublement cadencé, avertit que
tout est rentré dans l'ordre. La relève des
sentinelles policières a disparu dans l'obscurité.

Et la caisse d'opium va de l'avant, assurée
ainsi, sur son chemin, par une garde vigilante.

Pas de surprise possible, l'alarme des son-
neries indique que tout va bien.

Les voleurs qui cherchent à faire un coup
dans un riche magasin, ont souvent les marchands *frappeurs* pour complices.

On partage les bénéfices et tout le monde
est content.

On conçoit jusqu'à quel point la sécurité
peut être poussée avec des moyens semblables !

Ce moyen de télégraphie acoustique ne
semble-t-il pas bien trouvé ?

Et ces gens-là ne se dénoncent jamais,
quand ils opèrent entre adhérents de la même congrégation, de la même famille, comme ils disent.

J'ai souvent remarqué que dans les grosses dénonciations qui ruinent les compagnies

et les navires, c'est presque toujours au *quaï*,
diable occidental, que s'adresse la trahison.
On sait que la plus grande partie du bénéfice est destinée au capitaine ou au vapeur,
et c'est là la raison pour laquelle la soif du
lucre, attisée par le scintillement de la forte
somme, pousse le traître à vendre son capitaine ou son patron.

Du reste, depuis de nombreuses années
que nous étudions ces sortes d'affaires, nous
observons aussi que les dénonciateurs de
tout âge se recrutent parmi la sentine sans
foi ni loi des métis bariolés, des *demi-sang*
de Singapore, ignoble race, vouée au mépris
de la grande famille, considérée dans les centres comme des parasites loqueteux, com-
pradores ou encaisseurs de numéraire, auteurs de vols perpétuels, inhabiles faussaires
qui, après avoir fait le coup sur les places
commerciales, font retomber tout le cour-
roux des *quaï* sur la population de vieille
souche, à laquelle il ne reste plus qu'une
chose : la carte morale des réputations
mauvaises à payer. De congrégation à congrégation, de famille à famille, les diver-
gences de sentiment sont profondes.

Dame ! les affaires sont les affaires et tout
bon Chinois est payé pour rouler son con-

current. Mais, quand ils agissent de concert, en communauté d'intérêts et de responsabilités solidaires, les mercantis du céleste empire réalisent, contre le concurrent d'Europe, la force la mieux combinée, la plus effroyable, qu'une réunion d'hommes intelligents ait jamais inventée.

———————

VIII

L'AGRICULTURE CHEZ LES ANNAMITES

Le travail de la terre. — La pagode de Le-Thang-Nonh.
— Le culte des champs. — Les grands remueurs de
vase. Les projets du Thong-Coc-Loc. — Les canaux
du Bas-Annam

Il était naturel qu'un peuple qui a porté si
haut le culte du foyer et de la famille, devint
un fanatique de la glèbe, un cultivateur dans
l'âme, aussi amoureux de sa terre que du
village où il reçut le jour.

L'Annamite est, en effet, le terrien par excellence de l'Indo-Chine qu'il imprégna de
ses vertus domestiques et de son charmant
idéal.

Dans l'art de l'agriculture il est resté
maître, maître aussi dans celui d'abreuver
le sillon desséché, au moyen de l'artère humide, qui lui rendra sa fécondité.

Dans l'art d'irriguer les plaines brûlées
par le soleil, d'assécher les terres inondées,

où l'humus des siècles passés prépare la richesse future, il est sans rival sur cette partie du vieux continent.

Grand remueur de terre devant l'Éternel, il n'a pas son pareil pour creuser des canaux qui servent, en même temps d'exutoire aux plaines inondées et de voie de communication à la navigation fluviale.

Les canaux qu'il entreprit avant l'occupation française font l'admiration des Européens.

Comment concevoir qu'avec une si prodigieuse aptitude à cultiver le sol, le petit Annam soit resté réfractaire à ce besoin d'expansion au dehors, d'où sont nées les qualités commerciales des peuples?

L'histoire nous apprend que la richesse commerciale d'une nation correspond à un état supérieur de son caractère, de son intelligence, à une période avancée de son évolution...

Nous savons aussi que les enfants de l'Annam, suivant en cela les principes de leurs maîtres les Chinois, refusèrent toujours d'entrer en relations avec les peuples du voisinage. Si cet esprit de concentration fut un mal pour son expansion nationale, ajoutons que l'Annam bénéficie largement par d'autres avantages de cette prohibition qui consista dix siècles durant, à ne point se laisser pénétrer par des éléments étrangers.

Nous avons ainsi devant nous une race d'une originalité remarquable, qui n'a perdu aucune de ses qualités nationales au contact extérieur.

Nous pourrons à notre aise étudier son caractère propre et fixer dans un contour spécial son idiosyncrasie.

Dès la plus haute antiquité, et probablement dès leurs premiers groupements en familles, les Annamites puisèrent dans le travail du sol, les vertus du foyer qui ont fait leur force. Ils devaient plus tard comprendre, en venant dans les plaines fertiles du delta, combien s'imposaient, pour le bien de la collectivité, les progrès de l'agriculture.

Dans l'ancienne loi, l'Annamite n'était pas propriétaire du sol.

Le village, personne morale devant l'État, avait reçu de ce dernier tous pouvoirs pour gérer, sous sa responsabilité, les terres environnantes.

Chaque famille pouvait, en payant au village un impôt prévu par les règlements, se charger pour un nombre d'années déterminé d'une étendue considérable de rizières, mais ces terres non aliénables, faisaient toujours partie du domaine impérial. Un peu plus tard, les Empereurs d'Annam comprenant enfin, que dans le travail du sol résidait la richesse de l'Empire, créèrent la propriété foncière avec certaines restrictions. Il appartenait à deux hommes de génie qui furent Gialong et Minh-mang, de donner à la propriété immobilière la forme définitive que connaissent les nations occidentales, tout en réservant les droits du village et du souverain.

Mais l'étude de la propriété temporaire chez les Annamites réclamerait des détails par trop considérables ; réservons-les pour un autre ouvrage et contentons-nous, pour aujourd'hui, de noter en passant le culte élevé que les vieux législateurs de ce pays attribuèrent à la terre considérée, aussi bien en Annam que chez les nations occidentales, comme la mère commune du genre humain.

Quand nous parlons du culte pour la terre, nous ne voulons pas dire par là qu'il fut simplement dans le cœur des Annamites, sans aucune manifestation extérieure. Bien loin de là. Le ministre des rites et des cérémonies de Hué prescrivait, tous les ans, aux gouverneurs, un certain nombre de fêtes auxquelles l'administration supérieure devait, sous peine de destitution ou de blâme, assister en grande pompe et officiellement.

En Cochinchine, la fête des champs et des moissons, ainsi que l'appelaient les Annamites, était une occasion pour les fonctionnaires de l'Empire de montrer leur attachement à la couronne et au sol natal. Tous les ans, à époque fixe, prévue par les rites, le gouverneur vice-roi des basses provinces partait en grande pompe de Giadinh, lieu de sa résidence, pour se rendre dans les champs de Thi-Ngné, situés aujourd'hui sur les domaines de l'hôpital indigène. Là, suivi de la masse populaire, le vice-roi, représentant direct de l'Empereur, prenait une bêche devant tous ses subalternes assemblés et travaillait un coin de terre, malgré son âge avancé.

Le champ était ensuite soumis à une multitude de cérémonies secondaires, telles que aspersions d'eau lustrale, bénédiction de la terre à l'aide de vin de riz répandu sur le sillon, etc. Dès que le gouverneur avait tracé le premier sillon avec la charrue traînée par les deux plus beaux buffles de la contrée, la foule des fonctionnaires imitait, à tour de rôle, son exemple.

Le législateur, dans sa sagesse, avait consacré cette coutume comme pour donner aux populations rurales cet amour de la terre, mère nourricière des Annams.

Cette cérémonie s'appelait : *Lê Thang-Nong*, du nom de la pagode située autrefois sur l'emplacement actuel de la léproserie indigène. *Thang-Nong* était un roi des temps antiques, vénéré par les Annamites comme un saint ; c'est lui qui apprit aux enfants de l'Annam le travail de la terre et qui inventa la charrue.

Depuis la conquête française, les Annamites ont abandonné cette pieuse coutume, mais les terres sont, toujours comme autrefois, restées tributaires de l'influence bonne ou pernicieuse des esprits.

Pour écarter les sorts que les génies jettent souvent sur les rizières, le paysan peint sur une planchette de bois, ou mieux sur une brique blanchie à la chaux, des figures fantastiques qu'il place sur les bornes de son domaine, pour éloigner les néfastes influences des esprits infernaux.

Dans les champs de Thi-ngé où avaient lieu annuellement les cérémonies nationales, les curieux peuvent encore remarquer, à une centaine de mètres de la route, presque en face les bâtiments du lazaret indigène, les restes d'un grand pin maritime, contemporain des dernières fêtes des moissons. Les propriétaires actuels du champ ont respecté ce vieux témoin de leur indépendance, qui, maintes fois frappé de la foudre, dresse encore dans les airs ses branches desséchées.

Les vieilles femmes attribuent au bois mort et à l'écorce de ce végétal des vertus curatives, et sur son tronc tourmenté, les coups de couteau profonds attestent que l'âme du vieux géant règne encore sur les villages du voisinage.

Rien ne saurait donner une idée de la puissance des croyances ancestrales sur le peuple d'Annam.

*
* *

Je parlais, tout à l'heure, de l'aptitude de ce peuple pour tout ce qui touche au travail des champs. Afin de permettre aux trop-plein des pluies de s'écouler lentement à travers les campagnes, tout en laissant aux terres avides d'eau leur degré nécessaire d'humidité, les Annamites sillonnèrent le pays de canaux merveilleux dont la plupart existent encore.

Certains de ces canaux comme celui de

Vinhthé, qui fait communiquer le Mékong avec la mer de Chine, de Chaudoc à Hatien, devinrent les premières voies stratégiques des basses provinces et contribuèrent à maintes reprises à repousser les hordes des envahisseurs.

C'est cette colossale aptitude des grands remueurs de vase que voulut utiliser, il y a quelques années à peine, un des plus intelligents fonctionnaires indigènes, le Thong-doc Loc de Caibé, qui promettait au Gouverneur Général un canal capable de faire passer les croiseurs et les cuirassés dans le Mékong, sans traverser le bras de mer du Cua-Tieu où dorment tant d'épaves. Et le Thong-doc demandait deux mois pour livrer ce gigantesque travail ! Le Gouverneur qui avait aboli les corvées au nom des droits de l'homme, ne pouvait entrer dans les vues un peu coercitives du premier fonctionnaire indigène de Nam-ky.

C'est ainsi que depuis quinze ans, les groupes intelligents du pays réclament la percée de la plaine des Joncs, qui doublera l'exportation cochinchinoise. De ce côté devraient se porter les regards de tous ceux qui veulent enrichir la Cochinchine. Les Français peuvent se bien pénétrer d'une chose, c'est qu'en agriculture nous n'apprendrons rien de nouveau aux Annamites et que dans cet ordre d'idées nous n'avons rien inventé.

IX

ÉTUDE RAPIDE DU CARACTÈRE ANNAMITE

La reconnaissance chez les Annamites. — L'oubli des bienfaits. — Instincts héréditaires et ataviques. — La petite congaï de Soctrang. — Les deux soldats tonkinois.

De tous les défauts naturels qui frappent les Européens, dès leur premier contact avec les Annamites, le *manque* de *reconnaissance* chez cette race est certainement le plus saillant : l'Annamite n'a pas de cœur, l'Annamite ne possède pas le sentiment de la reconnaissance, disent avec amertume ceux qui observent le caractère de ces Orientaux. J'avoue que, de ce côté, l'observation offre des constatations bien pénibles et qu'au milieu des qualités fondamentales de la race indochinoise, cette lacune attire vivement l'attention.

Malgré tout l'intérêt que portent les gens

studieux à ce vaillant petit peuple, les meilleures volontés sont sans armes, en présence de cette grave accusation.

Toutefois, sans vouloir donner aux indigènes de l'Annam des qualités auxquelles ils ne sauraient prétendre, nous pensons, avec certains esprits sérieux, que ce sentiment dont le siège est placé dans le tréfond de la conscience annamite, mérite de la part des ethnographes quelques éclaircissements.

Si nous envisageons ce sentiment tel qu'il procède d'une éducation raffinée où le cœur et l'esprit ont eu, par hérédité, la plus grande place, il est juste de remarquer que l'Annamite n'a rien qui puisse le côtoyer.

Je vais essayer de faire entrevoir à ceux qui s'intéressent à l'étude de l'âme annamite, que ce sentiment inné chez les peuples civilisés de l'Europe se retrouve, sous d'autres formes plus rudimentaires, chez les Indo-Chinois.

La morale religieuse des philosophes chinois, adaptée par les moralistes de l'Annam aux besoins divers de la famille, semble acquérir ici un but plus utilitaire dans lequel le bien, le beau en soi, n'ont rien à voir.

Le législateur a mis, en première observance, l'amour de la famille et l'obéissance

du chef de l'État : la famille de qui nous
tenons l'être et la vie, l'Etat de qui nous
avons reçu les biens matériels de la protection, la liberté, l'indépendance.

Les Orientaux, et particulièrement les
Annamites, envisagent d'une tout autre
manière les bienfaits matériels.

En Europe, le plus grand service rendu à
l'homme, c'est l'éducation de la jeunesse,
l'instruction, les biens de la vie matérielle
gratuitement donnés par la famille, ou par
ceux qui la remplacent, à l'être encore trop
faible pour se les procurer tout seul.

Le souvenir d'un jeune homme intelligent
se reportant vers ceux qui l'ont élevé, par la
seule intuition du devoir et de l'esprit de
famille, réveille au fond de son âme les sentiments de la plus douce reconnaissance.

Le malheureux enfant abandonné par des
parents sans cœur, recueilli au sein d'une
famille heureuse, n'oubliera jamais, s'il a un
peu de noblesse de caractère, l'acte sublime
de son bienfaiteur.

Les Annamites ne voient pas les choses de
la même manière. Dans ce pays fortuné où
un climat merveilleux rend inconnues les
souffrances physiques, sur cette terre heureuse d'où les terribles conséquences sont à

jamais bannies, l'indigène cotera à sa juste valeur un bienfait hautement considéré d'ordinaire par l'homme d'Europe. Que lui importe d'être élevé, recueilli, instruit et hébergé, puisque la vie s'ouvrira toujours à lui souriante et heureuse. Comment voulez-vous que cet enfant de la nature vous sache gré d'un service que la nuit étoilée et les grands arbres de la plaine lui fourniront à loisir?

Comme le pèlerin de l'antiquité, il quitte le foyer hospitalier, après une nuit de repos, sans même remercier de la tête.

Les mendiants annamites, qui tendent l'écuelle à la pitié des foules, ne disent jamais merci! Le lépreux assis sur le pas des portes reçoit, sans même murmurer une parole de reconnaissance, l'aumône de l'apitoyé. Cet acte, accompli par devoir, n'a pas besoin d'un si faible simulacre.

La récompense toute matérielle en ce monde vous sera comptée par d'autres que lui.

Un domestique indigène pour lequel vous avez tout fait, dont vous avez, pendant des années, sustenté la famille, vous quitte un beau jour, sans rime ni raison, avec insouciance et gaîté de cœur. Ce primitif ne comprend nullement la portée d'un acte que nous considérons de la dernière noirceur, dans nos pays sentimentaux d'Europe. Pour l'Annamite, la terre est grande, le ciel clément, la case hospitalière ; il trouvera bien vite chez d'autres maîtres le bien tout ordinaire qu'il vient de quitter.

Voilà un regard jeté sur l'étiologie d'un sentiment que d'autres envisagent sous des formes différentes des nôtres.....

Un exemple entre mille illustrera davantage ce que nous avons dit précédemment.

Un capitaine de marine, en résidence dans un poste important des provinces de l'Ouest, trouve un jour, ramant à bord d'un bateau, une gracieuse petite Annamite.

S'informer des parents de la jeune fille, la demander à sa famille et la payer à sa mère la somme convenue de cinquante piastres, fut pour le militaire l'affaire d'un instant. L'enfant grandit couverte d'or et de soieries, jusqu'au jour où elle devint femme. La situation de famille du capitaine était excellente ; tous les caprices de la jeune épouse furent contentés.

Il était donc permis de supposer qu'une Annamite ramassée dans le ruisseau, arrachée à la misère noire, dût garder au fond de son âme un de ces sentiments de reconnaissance, dont seuls les sensitifs d'Europe, dans une situation semblable, peuvent avoir une idée.

Point du tout. Cette enfant arrachée brusquement au milieu inférieur que lui faisaient aimer ses traditions héréditaires, se trouva toute dépaysée dans les salons du commandant, éblouie de tant de bonheur. Ce bonheur étranger à son état d'âme et à sa race, la jeune Annamite qui avait enrichi sa famille ne le comprit pas ; surprise, un soir, par l'officier, en relations trop intimes avec un boy sordide, elle fut honteusement chassée du foyer.

Un jour, passant en compagnie du capitaine R... sur la berge du fleuve, nous aperçûmes l'ancienne aimée, ramant à la même place, sale, déguenillée et amaigrie. Elle paraissait heureuse et jetait à la brise du soir une de ces joyeuses ballades indigènes, dont le bonheur de l'existence et l'amour naturel constituaient tout le fond poétique. La jeune *Thi-Sao* était retombée dans le milieu qu'elle n'aurait jamais dû quitter.

*
* *

Mais s'il est des services courants dans la

vie, que les Annamites n'apprécient que d'une façon fort infime, il en est d'autres dans un ordre d'idées différent qui peuvent leur arracher un sentiment réel. Pour les peuples de l'Indo-Chine, le plus grand bien en ce monde est la liberté.

L'autocratie absolue des empereurs annamites, les exactions féroces des mandarins, l'arbitraire des gouverneurs, et enfin, l'injustice des tribunaux, élevée en Annam à la hauteur d'un principe, avaient créé autour de l'indigène cette terreur comprimée dont les conséquences se traduisaient souvent par des explosions de révolte générale.

L'adage français : *Il n'est rien de plus redoutable qu'un mouton enragé*, trouve un certain fond de vérité chez les petits Annamites!...

Très oublieux des bienfaits touchant de près aux exigences de la vie matérielle, l'Annamite prise très hautement les services rendus par les grands.

L'enfant adopté par une famille renie facilement les auteurs de son bonheur, mais il garde profondément gravées dans son cœur les démarches d'un mandarin puissant, à l'influence duquel il doit une fonction publique. Le pirate sauvé du couteau ou du bagne par la pitié outrée d'une bonne âme, n'oublie jamais un bienfait de cet ordre-là.

Ce sentiment de justice fait revivre chez lui l'expression du souvenir reconnaissant, qui lui fut inculqué dans ses jeunes ans, avec l'esprit de famille.

Un commandant d'infanterie de marine, très sensé et très juste, sauva du bourreau deux frères soupçonnés de piraterie. Ces deux enfants assagis ont pris, depuis, du service dans la milice indigène et sont parvenus à une bonne situation.

Tous les ans, ces deux Tonkinois ne manquent pas d'écrire à la famille de leur bienfaiteur et de joindre à la lettre de souhaits le petit cadeau d'usage. Ils firent, une fois, 80 lieues par des chemins impossibles, pour venir saluer l'officier de passage à Hanoï.

Confutze, annoté par l'empereur Minhmang, insiste beaucoup, dans ses préceptes de morale, sur la reconnaissance due par les faibles à leurs protecteurs haut placés.

Pour cet austère moraliste, le bien que nous tenons des grands, des hauts fonctionnaires de l'Empire, ne peut être mis en parallèle avec les mesquines obligations d'un père pour son enfant, ni avec les besoins naturels de la vie matérielle. C'est, pour l'Annamite, une chose toute naturelle que d'abriter le voyageur, de sustenter l'homme qui a faim, de recevoir au foyer le fugitif sans famille.

Mais un acte de justice ouvertement accompli, un devoir moral, rendu en dehors de toute coercition, méritent la reconnaissance universelle.

Bien des sentiments de l'ordre moral sont dans ce même cas, chez les Annamites. Le civilisé d'Europe, qui arrive pour la première fois sur ces plages, doit, d'abord, se mettre au niveau des Orientaux qu'il va observer.

S'il veut comprendre l'âme des Indo-Chinois et pénétrer peu à peu leurs mœurs et leurs usages, il se verra nécessairement forcé de faire abstraction de bien des idées européennes, et de laisser à la porte les préjugés de l'Occident. Je ne connais, à mon humble avis, rien de plus intéressant, pour celui que la destinée a jeté sur ces plages, que l'étude de ce peuple, de ses coutumes, de son histoire, de son évolution et de ses lois. Étude digne du Français qui cherche à s'instruire, tout en gouvernant avec sagesse une des nations les plus originales, colonisées par des Européens.

X

L'ACCOUCHEMENT CHEZ
LES ANNAMITES

Les derniers jours de la grossesse. — L'influence pernicieuse des esprits. — Les accidents et les alarmes.
— Le sorcier et son rôle. — L'art d'accoucher chez
les Annams. — Les procédés de la sage-femme. —
Intervention chirurgicale. — Une histoire d'accouchement. — Le réchaud de charbon. — Un traditionnel
breuvage. — L'enfant de l'adoption. — Croyances
superstitieuses. — Abîme qui sépare les races. —
Essai psychologique de la race annamite. — Rapide
coup d'œil sur les mœurs. — Mariage et accouplement.
— Les tribunaux et les Codes contre la science et
l'hygiène. — L'infanticide en Annam.

Ce n'est pas un cours d'obstétrique orientale que nous voulons faire à nos lecteurs,
dans cette intéressante étude de mœurs indigènes, qui, sans aucune prétention médicale,
relève simplement de la science de l'ethno-
graphe.

La grossesse et l'enfantement sont toujours choses d'une grave importance chez

les Annamites, non tant à cause de l'acte fonctionnel et physiologique, que des croyances superstitieuses qui s'attachent à la parturition. L'action mystérieuse des forces invisibles se manifeste ici dans toute sa puissance, comme si la fonction la plus étonnante de l'existence humaine était vouée, de par les lois de la nature, à la pernicieuse influence des esprits inférieurs.

Dès que la femme annamite sent l'heure de la délivrance arriver, elle doit se retirer à l'écart et fuir la société de ses semblables.

Devant la maison où va se passer ce troublant mystère de la nature, un gros morceau de charbon, placé dans une section transversale de bambou fendu à coups de hache, indique aux passants que la demeure est impure et que les coutumes ordonnent de s'en éloigner.

En attendant le laborieux travail de l'enfantement, la femme grosse se recueille dans la retraite et le silence, cessant, à l'approche du terme, tout commerce avec le monde extérieur.

Seuls les proches parents et les sorciers auront, avec la *ba-mou* ou sage-femme du village, accès autour de la couche de la patiente, jusqu'au moment des relevailles dont les coutumes ancestrales marquent l'observation.

Tout bruit inusité, toute conversation bruyante, toute dispute doivent être soigneusement évités autour de la case, de peur d'influencer malignement le travail de la nature et d'amener des complications graves, tels que soubresauts de l'enfant dans le sein de la mère, fausse-couche et naissance avant terme, descente de matrice appelée, dans la langue populaire, *loc-dom*.

« Évitez, surtout, disent dans leurs prescriptions les livres de médecine sino-annamites, évitez de parler devant la femme en couches des maladies particulières à la grossesse, des accidents qui peuvent survenir. Ne faites aucune allusion à une grossesse double, la naissance de deux jumeaux étant toujours un malheur pour la famille et les descendants. Gardez le silence et n'attirez pas par des conversations inconvenantes les influences pernicieuses sur la couche de la femme en mal d'enfant. »

En Extrême-Orient, deux ou plusieurs enfants nés d'un même accouchement sont considérés comme des phénomènes extra-terrestres, portant l'empreinte fatale des esprits mauvais. Deux jumeaux venant au monde dans la famille désorganisent la tranquillité du foyer, jettent le trouble et la désolation sur son existence normale. Une naissance double est toujours regardée comme une punition du ciel. Les familles tiendront soigneusement caché cet événement redoutable et feront bientôt disparaître, en les étouffant sans pitié, les deux intrus. Il n'existe pour ainsi dire pas deux jumeaux en Chine ou en Indo-Chine. C'est une monstruosité dont les femmes annamites ne parlent qu'en tremblant.

Dès que les premiers signes avant-coureurs de la parturition annoncent l'approche du terme, la femme se couche sur un lit spécial composé d'une claie de bambous. L'accouchement a rarement lieu dans la maison familiale, qui doit rester exempte de cette souillure. Les parents construisent, à quelque distance de la demeure, un léger compartiment volant en feuilles de latanier. C'est là que va se passer le grand œuvre, à l'abri de toute influence néfaste et de tout regard indiscret. Sous le chevet de la femme en travail, la *ba mou* dépose un instrument quelconque en fer, un grand couteau de cuisine, de préférence, qui éloignera les esprits mauvais

En effet, le *ma qui*, le diable impur, attiré par sa nudité, ne manquera pas de persécuter l'accouchée, surtout si elle est jeune et jouit parmi ses compagnes d'un certain renom de beauté.

Parfois, dans ses nuits solitaires, la jeune femme voit la figure de quelque excitant éphèbe, les cheveux bien composés, souriant de grâce et de beauté, souvent aussi quelque apparition soudaine de dragon vient tourmenter ses rêves. La famille doit être aussitôt informée de cet événement singulier.

Le fait n'est point banal, car les esprits impurs cherchent à s'emparer de sa personne. Un sorcier est appelé sans retard. La face peinte et grimaçante, la tête imitant celle d'un personnage fameux dans la légende, le maître des vénéfices accomplit autour de la couche de la patiente ses pratiques et ses incantations. Les esprits sont éloignés, l'accouchée retrouve sa tranquillité et peut jouir d'un sommeil réparateur, que ne troubleront plus de longtemps les rêves érotiques *d'Am phu*. Ces esprits, appelés *Diên dan dui*, sont décidément bien terribles !...

Toutes ces prescriptions enserrent la vie de la femme orientale dans un vaste réseau de contraintes superstitieuses, à l'observation

redoutable desquelles elle ne pourra se soustraire, sans craindre de voir son existence
empoisonnée par d'amers regrets.

Qu'arrivera-t-il en effet, si, par sa faute,
sa descendance est marquée du sceau de la
dégénérescence et si sa maternité impuissante est frappée d'infécondité.

Une voisine venue par surprise autour de
sa couche peut lui communiquer sa maladie
de mère qui a donné le jour à des êtres non
viables ou mal conformés.

Ces femelles improductives et physiquement tarées portent le poids de quelque influence ancestrale au dedans d'elles, et leur
mal est contagieux au suprême degré. Bien
plus, une jeune mère qui n'a jamais enfanté
voit souvent toute sa descendance frappée
d'une tare inéluctable, si par malheur une de
ces victimes du sort s'approche, pendant les
couches, de son lit non encore contaminé.

Chez les primipares des familles riches,
une garde sévère est faite autour de la demeure, de peur qu'une femme dont tous les
enfants sont successivement morts en bas-
âge, ou qui a mis au monde des êtres infirmes
et mal bâtis, ne vienne porter au foyer heureux son ensorcellement redoutable. Du coup,
elle se délivre de sa tare sur la malheureuse

imprudente, gagnée par la contagion. Les riches n'achètent jamais pour leurs filles des vêtements ayant servi. La vierge prendra demain un mari et contractera le mal terrible de l'ancienne propriétaire de la robe, qui n'a pu encore réussir un seul enfant.

Et même si, d'aventure, une parente de la primipare vient la visiter sur son lit de douleur et l'interroge sur l'état de sa grossesse, elle se gardera de répondre elle-même. C'est sa mère, ou une personne de la famille, qui doit lui servir d'interprète dans cette circonstance. Sa fonction est de se taire, sans desserrer les lèvres, afin que n'ouvrant pas la bouche, la vertu maligne de sa parente ne passe subrepticement dans son corps.

*
* *

L'opération obstétricale se passe chez les Annamites comme chez les peuples de l'Occident. Mais ici, la nature est considérée comme la maîtresse suprême de cette fonction merveilleuse, qui doit s'accomplir sans effort. Les Orientaux sont ennemis de toute intervention chirurgicale. Lorsque l'enfant se présente mal ou que l'accouchement est physiologiquement impossible, le sorcier, le

devin et le médicastre sont là, toujours, pour
parer aux inconvénients. La sage-femme en-
treprend d'horribles massages ; elle monte
sur le ventre de l'infortunée qu'elle piétine
souvent jusqu'à la mort, pendant que les ar-
tisans de la sorcellerie poursuivent leurs
exorcismes.

Les esprits mauvais sont naturellement
accusés de ce méfait, sans qu'il puisse venir
à l'idée des parents qu'une opération chirurgicale eût peut-être sauvé l'enfant ou la mère.
Le rôle de la médecine est toujours relégué
au dernier plan. Il me souvient, à ce propos,
d'une histoire que mes lecteurs trouveront
sûrement intéressante.

Pendant mon séjour au Cambodge, je fus,
un soir, appelé par une famille annamite
amie, d'une situation de fortune assez aisée,
mais complètement étrangère à nos usages.

Dans les dépendances de la maison principale, une jeune mère, âgée de 16 ans à peine,
se tordait depuis de longues heures dans
d'horribles souffrances, en mal d'enfant.
Étendue sur le sol de la case, la pauvre
femme râlait déjà, piétinée sans cesse par
un groupe de mégères annamites et cam-
bodgiennes, qui aidaient ainsi le travail de
la nature, au moyen de sarabandes effrénées
sur son abdomen.

Je proposai l'aide d'un médecin français,
mais à ce mot les visages s'assombrirent;
j'insistai néanmoins et, malgré l'heure tar-
dive, je courus chez le docteur L... toujours
prêt quand il s'agissait d'une bonne œuvre à
accomplir.

Avant de quitter la maison désolée, le
vieux grand-père me prit à part dans une
encoignure, et, d'un air de mystère, chercha
à me donner des explications. « C'est que,
voyez-vous, me dit-il, une esclave cambodgienne fort méchante fut atteinte de folie et
mourut dans cette case, l'année dernière.
Son esprit de mauvais aloi peut bien nous
avoir jeté un sort et empêcher l'enfant de
sortir. — Cela est très possible, répondis-je,
j'ai vu souvent le cas se produire en maints
endroits. » Il ne faut, en effet, jamais
essayer de contredire ces croyances superstitieuses qui pèsent de tout le poids d'une
hérédité vingt fois séculaire sur ces cerveaux
obscurs.

Un quart d'heure après je ramenais le
docteur L... muni de tous ses appareils chi-
rurgicaux. — L'engagement va être sérieux,
m'empressai-je de faire observer à l'homme
de science; n'oubliez pas que l'Académie
entre, pour le moment, dans une case de

cannibales, mais suivez, je vous prie, mes instructions et laissez-moi agir.

Après un examen de quelques instants, le médecin reconnaissait les difficultés et se mettait en état de les vaincre. La tête de l'enfant était énorme et le bassin de la mère trop étroit.

— « Passez-moi les fers. »

J'ouvris la boîte capitonnée et tenant le forceps à dessein, à proximité de la lampe, je l'exhibai le mieux possible devant les assistants ahuris.

Une immense clameur retentit au milieu de la nuit tranquille ; des pleurs, des exclamations, des protestations très vives s'élevèrent dans la case bouleversée. A la vue du forceps reluisant aux pâles rayons d'une lampe à huile, une de ces associations d'idées monumentales, comme nos cerveaux ne peuvent en concevoir, dut se faire jour dans l'entendement réfractaire de la maisonnée.

— « On allait tuer leur fille ; ce n'était pas l'habitude, chez les Annamites, d'user de semblables instruments, etc., etc. » Nous nous vîmes forcés, le docteur et moi, d'employer toute l'autorité que peut imposer à des Orientaux une ferme volonté européenne, et, faisant sortir tout le monde, nous nous fermâmes solidement à l'intérieur. Seule, une *ba-mou* plus courageuse que les autres consentit à nous prêter son aide.

La jeune mère, près de rendre l'âme, fut endormie avec du chloroforme et, dix minutes plus tard, un superbe garçon qui ne demandait qu'à vivre remplissait la maison réjouie de ses vagissements.

La mère et l'enfant vivent encore. Cet *échappé aux puissances infernales* est considéré comme un phénomène par toute la famille qui lui prédit de hautes destinées.

*
* *

Immédiatement après la délivrance, les parents brûlent des pétards et apportent à l'accouchée un traditionnel breuvage composé de sel et de poivre délayés dans de l'urine de jeune enfant.

Si la femme possède un réel attachement pour son mari, elle demande à ce dernier de remplacer l'enfant en bas âge. L'époux s'exécute, se soulage sur la mixture qui est avalée d'un trait par sa femme, sans sourciller.

Les réchauds sont préparés, le charbon incandescent jette des lueurs bleuâtres. Sous

la couche de la nouvelle délivrée, les sages-
femmes entretiennent nuit et jour un feu
d'enfer. La malheureuse affaiblie respire à
pleins poumons un air chargé d'acide carbo-
nique, et au sein de cette atmosphère délétère, son teint déjà livide prend des teintes
de jaune citron. C'est la médication héroïque, l'universel remède, indispensable et fort
vanté sur toute la surface du pays. Supprimer le réchaud à une femme en couches
serait, au dire des indigènes, la vouer fata-
lement à la mort.

Lorsqu'on demande aux médecins annamites la raison de cette étrange pratique, ils
répondent invariablement que c'est pour réchauffer le sang. Nous avons déjà dit en
traitant de l'art de la médecine [1] que les Sino-Annamites reconnaissent l'existence de
deux principes, le chaud et le froid.

La femme qui vient d'enfanter est très
affaiblie par la grossesse, elle a perdu beaucoup de sang dans l'accouchement. Il faut
donc réchauffer le peu qui lui reste et qui
tend à se refroidir. Et voilà pourquoi, trois
semaines durant, on enfume ces malheu-
reuses !

---

1. Voir notre ouvrage : *Au pays annamite.*

Une mère dont plusieurs enfants sont morts cherchera par tous les moyens à sauver des griffes du malin esprit le rejeton né viable que le sort lui aura permis de mettre au monde. Ici vient se placer une coutume familiale fort en usage au pays d'Annam. Ce petit être, convoité par les puissances de l'au delà, va se séparer de sa mère vaincue par les influences pernicieuses. On appelle un étranger, et, devant la famille assemblée, la mère lui tient ce langage :

— « Tenez, brave homme, voici un enfant dont je ne veux pas ; prenez-le dans votre demeure, conservez-le comme votre fils. » Les esprits ont entendu, ils sont satisfaits. Que pourraient-ils bien faire maintenant d'un être qu'on abandonne aveuglément et auquel personne n'est plus attaché par les entrailles. L'enfant grandit et reste jusqu'à la mort chez son père adoptif [1]. Jamais, du

1. Souvent, pour communiquer la vertu de longévité au petit être, les parents le placent immédiatement après la naissance, dans un panier en osier. Ils appellent quatre ou cinq vieillards du village qui, à tour de rôle, portent le nouveau-né entre leurs mains.

Cet enfant, comme les anciens devenus ses parrains, vivra de longues années, affirment les Annamites!...

Un mendiant qui passe est parfois prié de prêter ses habits en ambeaux à une riche famille de mandarins. Si reste, la mère ne songera à le réclamer, et le fils rejeté du foyer considérera cette dernière comme une étrangère...

Il appellera celle qui le porta dans son ventre et qui souffrit pour lui les atroces tortures de la maternité, *Thi hai*, *Thi ba*, ou *Thi queo*, lui infligeant le sobriquet vulgaire que le village lui a décerné.

Et pourtant il sait bien que cette femme est sa mère, il a même pour elle une affection qu'il ne doit pas montrer.

Mais la coutume tyrannique est là qui l'arrête ; les influences héréditaires pèsent lourdement sur cette attirance de la chair et, par crainte des *inférieurs*, la chaîne reste rivée, infrangible. Jamais, en regardant son sang, la mère n'ira vers lui, quand, soutenant ses entrailles qui éperdûment le réclament, la vieille femme privée de soutien vivra toujours son long veuvage en silence, détournant la tête sur le bord du chemin. Cruelles illusions ! Fanatiques croyances !

Quel abîme insondable sépare les races ! Qui calculera leurs distances ? Qui mesurera leur idéal ?

le miséreux a une progéniture nombreuse, comme c'est le cas le plus souvent, l'enfant fortuné recevra du contact des haillons une influence heureuse qui le fera vivre jusqu'à un âge très avancé.

*
⋆ ⋆

Nous avons le grand tort de juger les indigènes de l'Annam avec nos idées européennes, sans tenir compte du caractère et
des mœurs de la population.

En instituant la justice et les Codes français en Cochinchine, le gouverneur civil,
qui eut l'idée d'une hérésie pareille, voulut
pallier le désastre de cette rapide évolution,
en forçant les magistrats et les hommes de
loi à se mettre au courant de la langue, des
mœurs et de la législation annamites.

Ce vœu, ou plutôt ce règlement si sage,
a-t-il été mis en pratique par les justiciers?

Les erreurs judiciaires innombrables, les
appréciations fausses de crimes qui, chez ces
peuples, sont à peine des délits sans portée;
les centaines de malheureux jugés féroce-
ment à l'aide d'un instrument de civilisation
inventé, il y a plus de deux mille ans, par
la vieille Rome, répondront pour nous que
la magistrature de l'Indo-Chine vit dans une
perpétuelle iniquité.

Chez les peuples civilisés, la suppression
brutale de la vie d'un enfant qui vient de
naître est considérée, à juste titre, comme

un crime de lèse-famille et même de lèse-nation. L'auteur des jours d'un petit être n'a pas le droit d'en disposer selon son bon vouloir ; il ne peut, en aucune circonstance, priver la société d'une unité de valeur qui ne demande qu'à vivre.

La vie d'un homme représente, en effet, une richesse sociale faisant partie du domaine de l'État.

Mais cette idée n'est venue aux peuples européens qu'après une longue suite de siècles, au cours desquels la morale utilitaire et la dépendance de l'individu vis-à-vis de l'État, se sont peu à peu affinées.

Chez les Annamites, au contraire, la famille, fortement constituée, rend le père, auteur de la vie, maître absolu des existences. La morale familiale se concentre et rayonne autour du chef du foyer domestique libre dispensateur de la vie ou de la mort du nouveau-né ! Le législateur trouva la chose si naturelle, que l'infanticide pur et simple, sans aggravation de tortures voulues et étudiées, ne relève pas des tribunaux criminels, mais bien de l'autorité familiale qui doit savoir la raison de haute importance, le motif domestique qui l'ont fait agir.

Quand on ne peut nourrir son enfant, on l'abandonne ou on le supprime.

La législation n'a pas cure de tout ce qui n'est pas directement utilitaire, de tout ce qui ne touche pas, de près ou de loin, au bien de la commune de l'individu ou de l'État.

Les codes de l'Annam, qui ont tiré des codes de la Chine leur sage esprit juridique, sont muets sur ce point.

Toutefois, il ne faudrait pas s'imaginer que le crime d'infanticide soit d'autant plus fréquent qu'il n'est pas poursuivi par les lois.

Bien au contraire, la suppression violente des nouveau-nés est excessivement rare dans les campagnes, dans les centres éloignés des villes où les mœurs sont restées vierges de tout contact européen.

La plupart du temps, l'enfant qu'on ne peut élever dans une famille pauvre est déposé discrètement dans un lieu public, au coin d'une rue habitée et passante. L'Annamite jette un regard de vague compassion sur le petit être et, sans proférer une parole qui trahit sa pitié, il continue tranquillement son chemin.

L'enfant sera recueilli sans doute par une famille charitable, qui l'élèvera avec soin et l'adoptera un jour. Il est de tradition, en effet, dans les villages, qu'une famille qui

n'a pas de progéniture doit adopter au moins
un enfant (presque toujours un garçon). Qui
donc fermera les yeux au vieillard et viendra
sacrifier après sa mort sur sa tombe?

Des milliers d'enfants annamites doivent
la vie à cette coutume ou à un stratagème
qui pousse la mère pauvre à aller déposer son
fardeau vivant près de la maison d'un riche
avide de descendance et qui n'en peut avoir.

Les fœtus, les nouveau-nés brutalement
privés de l'existence en venant au monde,
par des mères que nous appelons *dénaturées*,
sont, le plus souvent, le fruit de l'adultère,
de relations coupables avant le mariage, ou
même de la prostitution [1]...

---

1. Il est à remarquer que, neuf fois sur dix, les cadavres de nouveau-nés venus à terme, que la police
découvre dans les terrains vagues de la banlieue, appartiennent à des enfants du sexe féminin.

Aussi bien qu'en Occident, la femelle est mal vue au
foyer domestique. De quelle valeur sera-t-elle un jour?
C'est bien en Extrême-Orient, dans les brutales et terribles épreuves de la lutte pour la vie qu'on aperçoit la
réelle infériorité de la femme! «La femme, dit *Confutze*,
est un champ d'ensemencement, un instrument de reproduction pour la famille et pour l'État, un instrument
d'agrément et de plaisir pour l'homme. La femelle de
l'homme, que la nature et la loi mettent sous la dépendance de son maître et époux, doit s'appliquer à acquérir les qualités propres à l'accomplissement de la mis-

Il est rare, aussi, qu'une mère conserve
un enfant difforme et consente à lui donner
le sein ; elle le jette dans un champ éloigné
ou dans la rivière, après l'avoir étouffé. C'est
une honte perpétuelle pour la femme annamite que de mettre au monde un enfant mal
conformé. On la montre du doigt dans son
village comme l'objet d'une punition divine
ou d'un mauvais sort. On comprendra avec
quel soin une primipare cachera un tel fruit
aux yeux de ses parents et connaissances.

Du reste, les bonnes manières, la préve-
nance et la peur des sorts exigent que,
lorsque un nouveau-né disparaît au sein
d'une famille, les voisins et les parents ne
daignent jamais s'enquérir de la façon dont
il a quitté ce monde, et pour quelles raisons
on l'a obligé à vider le foyer. Une jeune fille
qui, à la suite de relations coupables, mettra
au monde un enfant dont le père est inconnu
du public, cherchera à l'éloigner si elle est
de bonne famille et si une certaine contrainte
doit être la conséquence de son acte irrégu-
lier. Mais c'est là simplement une question
d'intérêt qui guidera la famille, car la fille

sion que nous venons de définir. Son rôle d'épouse
fidèle et de bonne mère constitue sa vie entière. En
dehors de cela, elle n'est rien ! »

ne pourra plus être vendue un bon prix au
prétendant de choix.

Chez les femmes du peuple, peu sou-
cieuses de l'opinion, l'enfant naît, croît,
grandit et devient homme sans qu'on s'in-
quiète, le moins du monde, de sa filiation.
Le bâtard est un être inconnu en Indo-
Chine ! Cet appellatif chez nous constitue la
dernière des flétrissures ; il est rayé du langage courant en Annam. Dans un pays où le
mariage consiste dans une cérémonie insi-
gnifiante, surtout dans la basse classe, où l'accouplement est chose si naturelle et si facile,
cette épithète banale serait incomprise et
mal venue.

Les Annamites attribuent une très minime
importance au crime d'infanticide et ils ne
ne comprennent pas que la loi française soit
si sévère à cet égard. Au Cambodge, ce
crime n'est même pas pris en considération
par la loi. L'individu étant une marchandise
bonne à vendre, le père et la mère ont le
droit d'en disposer selon leur volonté.

Dès qu'une femme enfante deux jumeaux,
elle s'empresse de les enfouir ou de les jeter
au fleuve ; elle serait disqualifiée pour le
restant de ses jours.

La loi cambodgienne prescrit que lorsque

deux jumeaux viennent au monde, ils sont, de droit, propriété royale et considérés, *ipso facto*, comme esclaves de la Cour, sans faculté de rachat...

Ce n'est donc pas en cherchant à restreindre les crimes d'infanticide chez les Annamites que nous rendrons un véritable service au peuple que nous civilisons. Comme nous venons de le voir, le mobile qui pousse la femme de ces pays à supprimer le fruit d'un amour dont les conséquences sont trop onéreuses ou incompatibles avec les habitudes, ce mobile, disons-nous, tient à des causes trop profondes qu'il n'est donné à aucune puissance d'atteindre par la force et la crainte des lois.

Il faudrait changer l'âme de la race. Nous savons que l'évolution psychologique des peuples obéit à des règles séculaires, dont le temps seul peut lentement modifier le cours.

Mais ce qui n'est pas au pouvoir de la justice et des codes, la science, maîtresse du monde, arrive à le surmonter.

Les maladies infantiles tuent en Indo-Chine un nombre incalculable de nouveau-nés. Les mères, ignorantes et superstitieuses, laissent mourir leur progéniture en portant au plus haut degré connu le mépris de l'hygiène et des premiers soins. La sage-femme annamite coupe le cordon ombilical de l'enfant et enduit la plaie salie par tous les contacts, soit avec de la boue immonde des fleuves, des emplâtres ou des mixtures insensées et jusques avec des excréments d'animaux de toute sorte.

Comment voulez-vous que l'enfant résiste à un pareil traitement?

Le tétanos, maladie complexe et terrible, guette le petit être aux portes de la vie : il disparaît en quelques heures dans des souffrances horribles, que les médecins annamites ont groupées sous le nom générique de : *Cuny cai mieng*, dureté, rigidité de la bouche. Les savants indigènes croient avoir tout dit dans cette étrange dénomination, mais la cause fondamentale leur échappe totalement.

L'hygiène européenne, pénétrant petit à petit dans les villages, diminuera la mortalité des nouveau-nés.

Les mesures prophylactiques, que les découvertes récentes de la microbiologie nous ont indiquées, sauveront plus d'enfants que les lois et les codes.

Jenner et Pasteur ont plus fait pour l'humanité que la crainte des tribunaux et des gendarmes, dans tous les pays de l'univers.

XI

LES GRANDES CHASSES
ET LES GRANDS CHASSEURS
DE COCHINCHINE

Noms de quelques chasseurs célèbres en Indo-Chine. —
Le garde des forêts Wetzel. — Le comte Huynh de
Vernéville. — Oddera, le roi des sauvages. — Les
victimes des fauves et des serpents venimeux. — Les
crocodiles du Mé-Kong. — Les deux soldats de
Kratié. — Pataud, ou le chien fidèle. — Triste fin d'un
chancelier. — Le seigneur Tigre dans la province de
Nha-Trang. — Funèbre statistique.

L'Indo-Chine tout entière est le pays par
excellence des grandes chasses, mais c'est
surtout en Annam et en Basse-Cochinchine
que les fougueux disciples de saint Hubert
peuvent se livrer sans entraves à leur sport
favori. Ici pas de réglementations prohibi-
tives, pas de taxes fiscales ; la chasse est
permise, et même encouragée, tout le long
de l'année.

La partie méridionale de notre colonie

couverte de forêts magnifiques, recèle tous
les grands fauves de la faune d'Asie. Depuis
les premières expéditions, les tigres et les
éléphants ont, naturellement, reculé leurs
quartiers devant la civilisation envahissante;
toutefois, les terrains de chasse sont peu
éloignés des capitales et des centres européens. Les parties cynégétiques peuvent y
être organisées avec une extrême facilité.

Nombreux sont les Français qui ont acquis
par leurs exploits une réputation redoutable
auprès des indigènes et, souvent, dans les
cases enfumées des lointaines régions fores-
tières, les noms des Wetzel et des de Vernéville agrémentent de légendaires récits.

Ils sont déjà bien loin de nous tous ces
anciens Cochinchinois, vieux chasseurs devant l'Éternel, et dont le souvenir, démesurément grossi par la légende, est encore vivant parmi nous.

Les Hippolite Vareille, mort en 1872, les
Père Jacques, les Barry, les Cruppi, les
Wetzel, etc., resteront encore longtemps
dans la mémoire de tous ceux que passion-
nent la forêt sombre et l'art cynégétique de
Nemrod.

Aujourd'hui, à part M. le comte de Verneville, résident supérieur de France au

Cambodge, dont les chasses extraordinaires et le coup de fusil sont universellement connus en Extrême-Orient, les rares tueurs de fauves méritent bien peu la notoriété.

M. de Verneville, résident supérieur du Cambodge, aura certainement la plus belle page dans ce livre d'or des grands chasseurs de Cochinchine, qui tentera un jour ou l'autre, la verve de quelque exotique écrivain.

Quand on a comme lui, à son actif, plus de soixante-dix tigres ou panthères, quatre-vingts éléphants et une cinquantaine de buffles sauvages, quand on a couru les dangers les plus étonnants qu'on ait jamais racontés, on mérite une mention dans l'histoire cynégétique orientale.

M. Tassard, garde des forêts, est plus modeste, mais ses exploits le classent parmi les chasseurs les plus intrépides, et les plus dignes d'arriver à la postérité.

Tassard, terrassé par la fièvre en 1893, partit, désespéré, sur un transport de l'État.

Ses amis ne parlaient de lui que pour mémoire, craignant d'apprendre à tout instant la nouvelle de son immersion.

La vigoureuse constitution de ce Français de vieille race, de cet intrépide chasseur, a eu raison des infectieuses inhibitions, des dévorants paludismes. Il nous revint, un jour, méconnaissable, fort comme un hercule, et rajeuni de vingt ans.

L'air natal, les joies de la famille, les soins d'une mère qui sont encore, quoiqu'on en dise, la meilleure hospitalisation, le remirent à tel point que plusieurs amis le méconnurent.

C'est un Tassard deuxième édition, qui revenait de France, un amant des forêts que la Fontaine de Jouvence avait entièrement transmuté.

Ses amis parièrent qu'il ne retournerait plus dans les bois et que la fièvre l'avait guéri de ses ardeurs juvéniles. C'était bien peu connaître l'ardente passion du grand chasseur. C'était aussi oublier que les forêts vierges, les montagnes, les majestueux tableaux de la nature impriment dans l'âme des sentimentaux d'ineffaçables souvenirs.

Tassart reprit sa hache-matricule de garde-forestier et repartit quelques mois après vers les hautes futaies.

En 1894, il débutait à nouveau dans la série interrompue de l'ancienne époque, en tuant un rhinocéros.

Des douzaines de cerfs, d'élans et de

bœufs sauvages entretenaient son coup de carabine.

Cet intrépide a fini par succomber [1].

Mais parmi ceux qui, par leur adresse et leur courage, ont laissé un impérissable renom en Indo-Chine, Wetzel doit être classé, sans conteste, le premier de tous. Les habitants de la province de Tay-Ninh n'ont pas oublié ses |services et maints villages connaissent le prix de ses délivrances, lorsque quelque fauve insaisissable rendait son voisinage dangereux. C'est indubitablement Wetzel qui a tué le plus de tigres en Cochinchine, sans parler des panthères ni des éléphants. Il faillit payer de sa vie plusieurs fois son infatiguable passion pour la chasse; les coups de griffe qu'il reçut, notamment en 1887, à l'épaule et à la tête, le conduisirent aux portes du tombeau. Rapidement rétabli de ses blessures, le chasseur reprit sa carabine qu'il ne quitta qu'en 1895, quand, vaincu par la terrible fièvre paludéenne, la forêt finit par le dévorer à son tour.

---

1. Tassard n'a pas résisté aux pernicieuses influences de la forêt annamite. Il vient de mourir dans sa maison natale des uites d'un accès pernicieux.

Ses admirateurs et amis lui ont élevé, au cimetière de Saïgon, un modeste mausolée, pour rappeler aux générations futures, qui vivront sur ces plages, l'énergie et le courage d'un de leurs devanciers.

Depuis, les grands chasseurs sont devenus très rares et c'est à peine si, parmi nos compatriotes, deux ou trois se signalent aujourd'hui.

Le nom d'un jeune chasseur, toutefois, vaut la peine d'être inscrit dans les annales de la forêt indo-chinoise; si ses exploits continuent pendant quelques années encore, il y a gros à parier pour que la renommée d'Oddera Jean-Honoré dépasse celle de tous ses prédécesseurs.

Oddera n'est pas encore Français de nationalité, mais il l'est de cœur et d'espérance. Il est fils de cette race des Alpes italiennes, si belles et si ensoleillées, de l'autre côté des monts. C'est dans l'air pur des montagnes abruptes, dans la chasse et la fatigue d'un grand labeur durant les années de l'adolescence; c'est sur cette terre toujours frontière et toujours située sur la route des invasions guerrières que la race à laquelle appartient Oddera a puisé l'esprit de combativité et les qualités énergiques qui la caractérisent.

Sa figure mâle, ses traits réguliers, sa taille haute, sa poitrine cambrée attirent les regards, quand il passe.

Lorsqu'il quitte le vêtement simple de ses forêts pour revêtir celui plus soigné de la civilisation et des villes, les femmes le *reluquent* avec persistance et on les entend, souventes fois, proférer la parole banale : « Voilà un beau garçon ! »

Comment Oddera est-il devenu chasseur? C'est ce qui serait difficile de dire. Tout ce que nous savons, c'est que lorsqu'il arriva en Cochinchine pour y chercher, comme nous tous, fortune, il fut frappé de la majesté de nos forêts, de l'air de liberté qu'y respirent les peuplades à demi-sauvages, lambeaux perdus de la vieille race autochtone refoulée par la civilisation.

Pourquoi ne vivrais-je pas aussi libre qu'eux, se dit-il? Pourquoi ne tenterais-je pas la grande chasse? Muni de bons fusils et d'une assez forte somme d'argent qui le garantissait pour de longs mois, contre le besoin et la misère, Oddera partit un beau matin pour la grande forêt.

Son coup de fusil, tiré avec une assurance magistrale, lui fit comprendre que, peut-être, il pourrait, le cas échéant, s'aboucher avec les fauves et les pachydermes de grande taille.

Nous ne raconterons pas avec tous les détails les chasses célèbres de ce fils des Alpes. Un volume ne suffirait pas.

Deux épisodes, entre tous, suffiront pour donner une approchante idée de cet Européen, de ce latin de race, qui a préféré la liberté et les plaisirs d'une vie exempte de chaînes, aux contraintes multiples de la vie de bureau. Oddera, actuellement, a cinquante éléphants, deux rhinocéros et quelques autres grands fauves sur la conscience.

Les encoches de son express-rifle couvrent la crosse jusqu'aux bords.

Dès que la quantité d'ivoire représente une somme assez ronde, il se met en route vers la ville, d'où il repart après un séjour de deux ou trois semaines environ.

Le célèbre chasseur est en ce moment à Saïgon avec une douzaine de paires de défenses. Pendant ces cinq mois d'absence, il a tué quatorze éléphants.

*
* *

Un jour, en attaquant un solitaire porteur d'un ivoire de grande valeur, le chasseur faillit être écrasé sous les pieds de l'énorme animal.

Suivi de deux sauvages, Mans et de son fidèle Bat, son domestique, il venait de pénétrer dans un fourré, après avoir tiré trois balles sur l'éléphant, à une distance de 50 mètres.

Rapide comme l'éclair, le solitaire fonça sur son ennemi, abattant devant lui, comme un ouragan dévastateur, les arbustes qui se trouvaient sur son passage. La fuite était impossible; quand il se campa droit sur ses jambes, pour faire face à l'éléphant, Oddera s'aperçut que les deux sauvages et son domestique *Bat* étaient montés sur les arbres du voisinage. Oddera tire encore deux coups de rifle sur la bête qui fléchit, mais qui se relève aussitôt pour courir sus à son adversaire.

Oddera tourne autour d'un bouquet de bambous et fait des efforts inouïs pour appeler son serviteur qui a emporté sa cartouchière. Il tombe harassé de fatigue, épuisé sous les défenses de l'éléphant qui cherche à le piétiner en jetant des cris terribles.

Oddera a deux côtes brisées, l'œil droit en dehors de son orbite; il gît presque sans connaissance en attendant la mort. Heureusement, l'éléphant, affaibli par le sang qui s'échappe de cinq blessures, tombe sans forces pour ne plus se relever.

On transporte Oddera au village voisin où il est soigné pendant un mois par ses sauvages ; c'est à leurs soins qu'il doit la vie.

Il est aujourd'hui guéri, mais il se ressent toujours des atteintes du pachyderme.

Dans sa récente sortie, il serra de très près un troupeau d'une quinzaine de têtes et tua presque à bout portant une femelle qui allaitait un petit.

C'est pour s'emparer de ce dernier que les sauvages le prièrent d'abattre la mère.

Le troupeau passa comme une trombe sur les chasseurs cachés dans un trou, derrière un bouquet de bambous. Le petit resta seul et fut solidement ligotté, puis ramené au village. Oddera l'éleva avec soin et le garda pendant plusieurs mois au pied de sa case. Le jeune pachyderme s'était apprivoisé très rapidement et reconnaissait fort bien son maître qui, tous les matins, lui apportait à manger.

Un jour, pendant son absence, une épidémie de choléra et de fièvre paludéenne fit quelques ravages sur la contrée. Les sorciers du village affirmèrent que le petit éléphant était la cause de tous ces maux envoyés par les esprits pour punir les sauvages.

La mort du pauvre animal fut décrétée ! A son retour, on lui apprit que son pupille avait été empoisonné à l'aide d'une herbe vénéneuse, par une main inconnue...

*
* *

C'est par centaines que les exploits de chasse, les expéditions lointaines contrôlées par les missionnaires du voisinage, nous ont été contés par Oddera.

Les observations sur les mœurs et les coutumes de ces peuplades sauvages intéresseraient, à un très haut degré, nos lecteurs.

Nous les transcrirons, peut-être un jour, si nos occupations nous le permettent. La région qu'habite Oddera est vide d'Annamites ; les peuplades à demi-sauvages, que nous désignons sous le nom un peu trop générique de *Moïs* de la forêt, vivent seules dans leurs coquets villages qu'ils abandonnent au premier événement insolite. Le choléra, la fièvre, la variole s'abattent-ils sur un village, ce sont les diables ou les esprits mauvais qui les envoient ; on décide alors de quitter la région et d'abandonner les de-

meures. Le groupe va camper en pleine
forêt, jusqu'à ce que les bons esprits aient
indiqué l'endroit que doit occuper le nouveau
campement.

Dans ces parages, les fauves de toute espèce pulullent. Oddera se contente, aujour-
d'hui de brûler sa poudre sur les grands
sujets. Il néglige le cerf, le sanglier, la biche
et le gibier à plumes, pour réserver son coup
de carabine aux animaux avantageux.

*
* *

L'ivoire possède sur le marché de Cholon
une valeur assez élevée. Une belle paire de
défenses de moyenne grosseur peut atteindre
150 à 200 piastres. On le cote dans les magasins de la ville chinoise, à 385 ou 390
piastres le picul de 60 kilogrammes.

Telle est la vie de cet amant de liberté qui
se dit, avec raison, qu'il est toujours temps
de devenir fonctionnaire.....

Heureux mortel qui comprend son bonheur avec une philosophie sans prétention et
qui sait ce que vaut l'existence libre, ayant
peut-être souvent médité la fable du chien
du loup du bon La Fontaine :

« *Attaché, dit le loup,*
« *Vous ne courez donc pas où vous voulez ?* »

Le roi des sauvages foule une terre d'une immense étendue, qui ne connut jamais de maître ; la grande forêt est son domaine, sans limites, sans horizon.

On a souvent demandé quel est le nombre des indigènes annuellement dévorés par les fauves qui peuplent nos sombres forêts. Cette statistique serait fort intéressante, et nous avons peine à comprendre pourquoi elle n'est pas publiée régulièrement par le gouvernement local. Les administrateurs signalent cependant ces sortes d'accidents chaque fois qu'ils arrivent à leur connaissance ; il suffirait de porter leur attention sur cette statistique négligemment consignée, d'ordinaire, à la fin des rapports mensuels, au chapitre des faits divers.

Les victimes des fauves et des serpents sont, aux Indes, l'objet d'une statistique très soignée, le gouvernement tenant la main à ce qu'elle soit publiée avec exactitude, à chaque trimestre.

En 1894, les rapports généraux de fin d'année, groupés par districts et par provinces, signalent sur toute l'étendue du territoire des Indes 2.893 individus dévorés par les fauves et 21.538 cas de mort par suite des morsures de serpents venimeux.

Dans cette statistique fort suggestive comme on le voit, la province du Bengale tient la plus grande place ; elle paraît au premier rang avec 1.693 dévorés.

Presque toujours, les auteurs de ces méfaits sont des tigres ou des panthères. Ces dernières d'une espèce particulière passent pour être d'une férocité extraordinaire et d'un caractère agressif au suprême degré.

La panthère noire de Java surpasse à peine, par sa soif de sang humain, le terrible renom de la panthère indienne, dont un sujet spécial s'attaqua, au cours d'une chasse royale en 1893, à la haute personnalité de S. A. le Czarewitch, aujourd'hui empereur de toutes les Russies.

On comprendra avec quelle ardeur les gouvernements provinciaux s'attachent à la destruction de pareils voisins, dans les jungles de l'Inde anglaise. Des primes prévues, tous les ans, au budget général sont souvent doublées par les caisses des arrondissements où ces hôtes malfaisants abondent.

Grâce à ces encouragements, les indigènes ont détruit en 1894, dans l'empire des Indes,

21.000 tigres ou panthères et 117.000 serpents venimeux.

Parmi ces derniers, *le Cobra* vient en première ligne ; il est établi, aujourd'hui, que les victimes de ce genre de reptiles atteignent annuellement une moyenne de 20 à 25 mille, depuis que les statistiques sont tenues avec soin par les administrateurs des affaires indigènes.

N'oublions pas que la population totale de l'Inde est de 250 millions d'âmes, d'après des recensements vieux de 10 à 15 années. Les géographes les plus accrédités donnent une augmentation de 30 à 31 millions environ, ce qui porte cette population extraordinaire au chiffre énorme de 300 millions d'habitants.

Il n'est donc pas étonnant que les tigres, les panthères, les léopards, les crocodiles et les serpents trouvent au milieu de ces troupes grouillantes d'individus une proie relativement facile.

En Cochinchine, d'après des renseignements pris à bonne source et nullement entachés d'exagération, le nombre des Annamites dévorés annuellement par les tigres et les panthères ne dépasse pas une centaine environ.

En ajoutant les *dévorés* du Cambodge et des provinces administrées du Laos, où la statistique devient aujourd'hui plus facile, nous atteindrons peut-être en tout 200 individus. Il faut compter dans ce chiffre les victimes des crocodiles assez nombreuses sur tout le cours du bas Mékong et les affluents du grand lac Tonlesap, infesté lui-même de requins et de reptiles.

Les crocodiles du Cambodge sont renommés par leur adresse et leur agilité.

J'ai vu emporter, devant mes yeux, en compagnie d'un préposé de la douane, une jeune fille de 14 ans, dans un arroyo voisin du poste de Compong-Chnang. Cette enfant prenait son bain vers 8 heures du matin et avait de l'eau jusqu'aux seins lorsque l'animal la saisit à mi-corps, dans sa gueule énorme, et l'entraîna au fond du Me-Sap.

Aux cris poussés par l'enfant, nous accourumes suivis d'une douzaine d'indigènes, mais le monstre avait disparu. L'eau, rougie sur une surface de plusieurs brasses, nous fit comprendre que toute tentative de sauvetage était illusoire et sans espoir.

Les voyageurs qui remontent le Mékong en chaloupe à vapeur peuvent voir, en passant le long des berges, une claie en bambous ou une barrière solide entourant les petits appontements en planches, jetés sur le fleuve pour permettre aux femmes de se baigner un peu au large ou de puiser de l'eau. Cette précaution est devenue nécessaire à la suite des nombreux accidents arrivés de ce chef.

Les tigres abondent aussi dans les provinces de Compong-soai, au sein des forêts épaisses, qui couvrent les neuf dixièmes du territoire. A Crauchemar, le tigre royal vient rôder, le soir, près des habitations.

Pour donner une idée de la hardiesse de ce féroce compagnon, je vais rapporter quelques faits récents que beaucoup de Cochinchinois connaissent.

C'est surtout après le coucher du soleil que le roi des forêts part en campagne, au bord des villages annamites; presque tous les *dévorés* de ma connaissance ont été enlevés le soir, avant l'obscurité totale de la nuit, Toutefois, lorsqu'il a faim, le tigre attaque à n'importe quelle heure.

Au mois de mai 1893 une compagnie d'infanterie de marine, composée de 60 hommes, se rendait de Kratié à Slung-treng, par terre, et, après une étape très longue, était forcée de se coucher dans une clairière, dans la forêt de Sambor. Le lieutenant qui commandait le détachement plaça ses hommes autour des faisceaux et fit allumer des feux en dehors du bivouac, pour éloigner les fauves. Les sentinelles veillaient debout au centre de la petite troupe placée en demi-cercle.

Vaincus par la fatigue, les hommes chargés d'entretenir les feux se laissèrent gagner par le sommeil vers minuit.

Deux jeunes soldats, compatriotes du même village, couchés côte à côte au dernier rang du détachement, dormaient profondément, s'étant, par précaution, donné le bras en cas d'alerte. Un tigre énorme se glisse en rampant à travers l'épaisseur des brousses, saisit le plus jeune des deux militaires et, avant que la sentinelle ait pu donner l'alarme, emporte sa proie au fond des bois.

Son compagnon, réveillé par l'effort suprême de la victime, crie aux armes, mais les feux sont mourants autour du bivouac endormi. On les rallume à la hâte, et à la lueur des torches, on poursuit l'ennemi inconnu et invisible, en suivant la trace du sang.

Une demi-heure plus tard, on retrouvait le malheureux boulanger de la compagnie, à moitié dévoré par le tigre qui, d'un bond, avait disparu dans la nuit.

Rappelons l'aventure tragique de ce jeune officier, commandant le poste de Moncay, qui, rentrant chez lui le soir, après le coucher du soleil, vit une vague forme étendue devant la porte de la caserne. Il lève sa badine et frappe violemment l'animal indiscret. C'était un tigre énorme qui se précipite sur lui et lui broie la main droite. Le lieutenant B..., qu'on espérait sauver, vécut encore huit jours et mourut du tétanos dans d'horribles souffrances.

M. E..., marchand de bois à Trian, province de Bienhoa, a eu un magnifique chien de chasse emporté par un tigre, sous la vérandah de sa case, à cinq pas de la table où il prenait son repas.

Des coups de fusils tirés en l'air font lâcher prise à l'animal et le pauvre Pataud retourne clopin-clopant à la maison en jetant des cris lamentables. Le bon chien est aujourd'hui remis de sa frayeur et se porte à merveille [1].

---

1. Il arrive souvent que le fauve lâche sa proie lorsque les habitants réussissent à l'effrayer au moyen d'un infernal tapage. J'ai connu au Cambodge un habitant du Haut-Fleuve qui avait été enlevé par un tigre et

Dans un village de l'arrondissement de Baria, une femme dormait dans sa case. Le tigre écarte les palétuviers de la palissade et bondit à travers la paillote sur le lit de camp.

Le tigre a manqué son coup, mais la femme est morte le lendemain des suites de ses blessures.

Nous ne parlerons pas de l'aventure terrible arrivée à un Français, dans ce même poste, il y a à peine deux ans.

Les péripéties qui accompagnèrent l'acci-eent sont encore présentes à toutes les mémoires.

C'est par centaines que nous pourrions citer les cas extraordinaires d'enlèvement.

A Thudaumot, dans la commune de

---

traîné, sans conséquences mortelles, pendant 500 à 600 mètres dans la forêt.

Pour le crocodile, les riverains du fleuve battent l'eau avec des perches et lui font quelquefois lâcher sa proie.

Mais les blessures de ce saurien sont si dangereuses que la mort survient dans presque tous les cas. Quand le monstre aquatique n'a pas daigné abandonner sa victime vivante, en dépit du tapage des habitants, les parents viennent accomplir des sacrifices sur la berge et offrent au féroce reptile des fruits, des bananes et des gâteaux, afin qu'il daigne permettre de donner une sépulture conforme aux rites, aux restes de son sinistre repas.

Chong-Thanh, un tigre dévore 7 Annamites
en moins de 3 mois et est tué par le garde-
forestier de l'arrondissement.

A Kratié, Haut-Cambodge, 3 facteurs
indigènes transportant la poste sont enlevés
successivement, au mois de décembre 1892.

A Nha-Trang, le chancelier de résidence,
jeune homme vigoureux et plein d'avenir,
est dévoré par un tigre énorme qu'on réussit à tuer au moment où il tient sa victime.
M. B... meurt trois jours après. Il a livré au
tigre une lutte acharnée, qui glaça d'effroi
les témoins de cette scène, le missionnaire de
l'endroit et deux indigènes[1].

Ce sont les provinces de Baria, de Bienhoa,
de Thudaumont et de Tayninh qui donnent
le chiffre le plus élevé des victimes du tigre.

Dans le premier de ces arrondissements,
l'année 1892 a vu 15 enlèvements.

Beaucoup d'accidents restent souvent

1. Rappelons aussi la triste destinée d'un charmant
jeune homme de 27 ans, le chancelier A. Montagne,
dévoré en 1896, dans un petit bois de la province de
Nha-Trang. Montagne, envoyé en service, fut assailli
par deux tigres à 12 kilomètres du chef-lieu. Terrassé
par les fauves et démonté par son cheval emballé, il eut
la colonne vertébrale brisée d'un coup de griffe. Son
corps fut retrouvé à quelques mètres du sentier, le lendemain.

inconnus de l'administrateur, quand ils ont lieu dans les communes excentriques ou chez les peuplades à demi-sauvages des hauts plateaux.

Le buffle sauvage, si redoutable quand il est blessé ou lorsqu'on l'excite, n'est pas un animal bien à craindre dans la forêt ; il se contente de paître les riches pâturages des vallées ; il ne fond sur son ennemi que pour éviter ses atteintes. Les victimes du buffle sauvage sont très rares dans les arrondissements que nous venons de citer.

Quant aux cas de mort causés par la morsure des serpents venimeux, les rapports des administrateurs n'en mentionnent qu'à longue échéance ; il est à croire que dans les rizières humides des terres d'alluvion, au centre desquelles vit et se reproduit la race annamite, les reptiles venimeux ne constituent pas un grand danger.

XII

LE FERMAGE DES PLUMES D'OISEAUX
EN COCHINCHINE

Le fermier du massacre. — Le grand pélican blanc. —
La chasse aux palmipèdes. — La Plaine de Rachgia
et le Tonle-Sap. — Le philosophe des rizières. —
Tristesse et souvenirs.

Dans un pays où la chasse au gibier a
quelque raison d'exister, pour le luxe de nos
tables, le meurtre forcé de milliers de volatiles a dû être, comme en France, régle-
menté par la loi. Nous sommes, ici, en
plein pays des monopoles ; aussi cet extraordinaire fermage, très probablement inconnu aux autres contrées de l'Europe, ne saurait paraître arbitraire à aucun de nous.
Dans cette étude naturaliste nous allons voir
à quel but répond ce fermage des plumes, et
comment s'opère la chasse *palustre* aux
innombrables habitants de l'air. Écoutez
donc, âmes sensibles, qui traitez avec un

soin jaloux les aimables chanteurs, prison-
niers de vos cages dorées ; dressez vos ouïes,
dames et demoiselles au cœur tendre, que la
mort d'un serin aimé, par une froide matinée
de décembre, plonge dans une noire mélan-
colie ; et vous, membres convaincus de la
Société protectrice des animaux, qui aimez
tant les hôtes de nos bois, chantés par les
poètes, inspirateurs ailés du doux Michelet,
auteur de l'*Oiseau*, livre incomparable,
écoutez.

Le commerce a ses rigueurs, les budgets
ont leurs exigences. Il reste à savoir si les
centaines de milliers de volatiles massacrés,
assommés traîtreusement pour le triomphe
de la mode et du luxe, répondent à un besoin
urgent de l'humanité.

Nous allons donc raconter ces tueries
atroces de pauvres êtres sans défense, re-
cherchés pour le seul vêtement, leur seule
parure extérieure, dont la nature les a dotés.

Dès les premiers jours de la conquête
française en Indo-Chine, l'attention des
amiraux gouverneurs de la colonie fut atti-
rée par les bénéfices que pouvait encaisser
le budget local, d'un fermage spécial, n'at-
teignant nullement le pauvre cultivateur
penché sur son sillon, attaché à la glèbe.

Il s'agissait simplement de tirer profit de l'exportation des plumes d'oiseaux, très active dans certaines provinces de l'Ouest. *Rachgia*, surtout, poste extrême du Delta, voisin de la pointe ultime de la péninsule, était réputé comme le lieu de prédilection des volatiles marécageux.

Du reste, plusieurs riches habitants de l'endroit avaient demandé, moyennant une certaine rétribution, l'obtention de ce monopole : c'est sur ces entrefaites que la mise aux enchères du fermage fut décidée par l'amiral gouverneur.

Moyennant vingt mille francs, environ, le fermier avait le droit de tuer pendant trois ans tous les oiseaux qu'il pourrait, dans cet immense espace. Le commerce des plumes prit dès ce jour un véritable essor.

Tous les ans, vers le mois de janvier, des jonques chargées d'ailes d'oiseaux, séchées au soleil, de *brindilles* diaprées des timides aigrettes, de *pennes* immenses des grands marabouts, réunies en paquets de cent ou de mille, transportent, pour aller les entreposer à Cholon, les dépouilles des oiseaux aquatiques. Là, traitées et préparées par des connaisseurs, les plumes sont choisies suivant leur valeur et vendues à des voyageurs spéciaux de Canton ou d'Hainam qui les écoulent en Chine.

Elles servent à divers usages, dont le plus courant est la fabrication des éventails.

*
* *

Au Tonkin, le commerce des plumes d'oiseaux est entre les mains d'Européens qui, n'ayant pas voulu se laisser distancer par les Chinois, ont trouvé sur nos marchés un écoulement aussi assuré que profitable. Les plumes d'aigrette, 1er choix, valent jusqu'à *trois mille francs le kilo!*.....

Je n'ai pas encore compris pourquoi les Français n'ont pas tenté ce genre de trafic en Cochinchine, pays par excellence des oiseaux de marécage, dans les provinces basses et humides du Delta.

La chasse aux grands échassiers varie suivant les régions et la quantité des volatiles. A Rachgia, le fermier et le sous-fermier du monopole font exploiter de la façon suivante cette chasse fructueuse, pendant quatre ou cinq mois de l'année.

Le pélican, le marabout, l'aigrette, la grue cendrée et plusieurs autres grands échassiers, haut perchés sur leurs pattes, fournissent le plus fort contingent à cette tuerie patentée.

Le pélican est un grand palmipède pesant jusqu'à 25 kilogrammes, quand après la saison des eaux basses, son ventre se recouvre d'une épaisse couche de graisse huileuse, sentant le poisson rance d'une lieue. C'est alors que les bandes innombrables de ces palmipèdes au grand bec muni d'un sac, se séparent pour la ponte dans les plaines vaseuses. Les femelles suivies de plusieurs mâles, cherchent, après l'accouplement, un endroit sec et protégé, éloigné le plus possible des terrains de culture.

Sur un petit tertre bien façonné, les époux construisent leur nid pour leur progéniture et la pourvoient de mets délicats, jusqu'à ce qu'elle ait atteint l'âge adulte, c'est-à-dire jusqu'au troisième mois. Les Annamites chasseurs de pélicans affirment que les petits engloutissent des quantités énormes de poissons pendant leur croissance. Les parents sont continuellement occupés à l'approvisionnement de leur famille, dont ils assurent la nourriture par un va-et-vient incessant[1].

1. Le pélican est en grande vénération chez les Annamites. Dans les pêcheries du Cambodge, entourées d'une

*
* *

Les quetteurs du fermier reconnaissent, à première vue, les nids dans la plaine humide. Tranquillement, sans s'occuper des grands palmipèdes planant sur leur tête et faisant entendre leur plaintif *bê bê bê*, semblable au cri d'un agneau, l'Annamite entoure la demeure d'une légère barrière en bambou, pour empêcher les petits de fuir à l'aventure, dressés à la pêche et à la nage par leurs grands parents. Les petits pélicans sont, d'ordinaire, très lourds et n'apprennent à voler que bien tard, quand les plaines sont asséchées. C'est à ce moment que, guidés par la mère, ils fuient à tire d'aile vers la région des lacs.

claie et où grandit le poisson sous l'œil vigilant du fermier, plusieurs pélicans se gavent à l'envi et semblent se prélasser dans leur domaine. Malheur à l'homme qui tuerait un de ces gardiens, protecteurs divins, source de richesse et de pêche abondante ! J'ai vu abandonner une pêcherie où un de mes amis avait tué un pélican d'un coup de fusil. Peu s'en fallut que nous fussions massacrés.

Les Annamites, fort amateurs d'onomatopées, ont appelé le pélican *con chang Bê* à cause de son cri caractéristique. Nous écrivons l'annamite toujours phonétiquement pour rendre la prononciation véritable à nos lecteurs.

Les petits continuant à être gavés pendant les longs jours de leur captivité dans l'enceinte barricadée, grossissent à vue d'œil. Leurs plumes se forment ; une blanche toison, aussi douce que du poil de loutre, s'étend sous leur ventre dodu.

Le fermier n'a qu'à choisir son temps pour accomplir son massacre qui a lieu, le plus souvent, la nuit, à la lueur des torches, quand le père et la mère sont au nid.

A coups de bâton et de coutelas, la besogne est bientôt faite. Ce spectacle, auquel (pour mon malheur) j'ai assisté pendant les jeunes ans de mon séjour en Cochinchine, m'a fendu l'âme. J'en verse après douze ans d'un souvenir bien pénible, des larmes de tristesse et de pitié.

Que les insensibles rient de ma sensiblerie et de ma peine ; à ceux qui voient, sans palpiter, l'immolation de milliers d'êtres inoffensifs, je voue le plus profond mépris.

J'ai assisté à des scènes touchantes, à des actes de dévouement, que rendaient plus précieux, à ma vie, les durs ricanements des Annamites dont le cœur, fermé à toute pitié humaine, cultive par esprit de race et par inconscient souvenir atavique, la méthode de l'égoïsme devant la souffrance et le malheur.

Là, je compris, un jour, que les bêtes ont une âme, et qu'au fond de ces consciences veules, les liens du sang, l'amour de la mère pour sa progéniture sont, peut-être, aussi vivaces que chez nous.

Deux solides gaillards font irruption sur les nids (4 femelles ont pondu côte à côte), armés de bâtons, munis d'une torche lugubre. Les mères penchées sur leurs petits se réveillent en sursaut, jetant cet inoubliable cri d'angoisse de l'agneau qu'on égorge : *ibê, ibê, ibê.* Oh! ce cri! Je l'ai là, dans ma poitrine, et comme mû d'un vague esprit d'imitation je ne sais ce qui me retient de le pousser malgré moi! Quelque chose d'humain, d'indicible... Le cri d'une femme qui défend son enfant.

Et le grand oiseau, par instinct, peut-être aussi par devoir, reste là à son poste, étendant ses ailes immenses sur la chair de sa chair qu'on va tuer devant lui. Et, pendant que frappent les bourreaux, pendant que le budget fait son œuvre, la bête rougie de sang, toujours à son poste, meurt dans un cri de détresse, sur ses enfants.

Ah! non, qu'on ne vienne pas me dire que les animaux n'ont pas d'âme, et que, dans ces corps de bête, l'amour maternel n'a pas enfoui ses incalculables trésors. D'âme ? ils en ont moins que nous, sans doute, mais si la quantité est moindre, je plaide, en témoin sincère, pour la qualité...

Le proverbe, sagesse des nations, vint, lui aussi, me rappeler son aphorisme :

Le grand pélican blanc donne son sang pour nourrir ses enfants.

*
* *

Que fait au bord du grand Tonle-sap, le marabout solitaire, pareil au philosophe à la recherche d'une équation ? Dans la plaine inondée où batraciens, reptiles et poissons lui fournissent une large nourriture, le piège cache la trahison. Il est si niais, si stupide ce grand échassier, que les chasseurs l'approchent assez facilement avec leur carabine.

Le marabout, à l'encontre du grand palmipède dont nous venons de parler, vit solitaire. Les groupes disséminés dans la rizière, se rapprocheront la nuit pour dormir. C'est là qu'à la lueur des flambeaux, les indigènes trouveront une proie facile et rémunératrice. Les houppes soyeuses aux frisons de neige, que cet échassier peigne de son grand bec, sous son cloaque, valent chacune 2 à 3 dollars, à la bonne saison.

A Rachgia, sur cet immense horizon dont la ligne ondulée et monotone qui n'est coupée que par d'épaisses forêts noires (de *tranh*[1]) plaine sans fin qui s'allonge annuellement sur les bases de la presqu'île Indo-Chinoise et qui semble un prolongement de la mer, des myriades d'oiseaux viennent chercher leur pâture.

Au bord du Grand-Lac, les pélicans abondent et font ressembler les eaux tranquilles à des troupeaux de mouton, à la toison immaculée, paissant dans une prairie immense. Ils émigrent, aux hautes eaux, vers *Rachgia*. L'aigrette aux *brindilles* recherchées, détient des fortunes sous son aile. On les voit par milliers venir, le soir, au coucher du soleil, chercher un refuge pour la nuit, dans quelque arbre touffu et solitaire, où le guetteur ira, grâce à l'obscurité, assommer les échassiers blancs.

Avec une poignée de soufre ou plusieurs décharges de cendrée dans le vol qui tourne et revient toujours, attiré par le mirage de la flamme, des centaines de victimes blanches joncheront le sol.

La grue cendrée porte des plumes rougefeu, très recherchées des marchands de la ville chinoise ; il faut croire que l'éducation l'a rendue bien ombrageuse, car il est presque impossible de l'approcher. Toutefois, les pièges bien dissimulés dans un marais à grenouilles auront raison de sa prudence, si tant est que les chasseurs indigènes ne lui ont pas cassé les pattes, en rampant le long des tertres, à la faveur de la nuit.

Bien d'autres oiseaux qu'il serait trop long de nommer fournissent au minautore du luxe et de l'orgueil des dépouilles superbes, que la nature a dorées d'un rayon de soleil.

Les grandes dames d'Europe, en voyant balancer ces touffes resplendissantes sur leurs belles toilettes, ignorent, peut-être, que ces plumes ont fait couler bien des larmes, s'il est vrai, comme le dit Michelet avec son âme de naturaliste, que les oiseaux savent pleurer !

———

XIII

LA SUPERSTITION ET LA LÉGENDE
AU PAYS D'ANNAM

Le merveilleux dans l'histoire annamite. — La légende
historique. — Son caractère national. — La légende
du Vaïco. — Le roi Gia-Long et le crocodile. — Le
solitaire de l'île de Phu-quôc. — Le cétacé du Cap
Saint-Jacques. — La pagode. de la baleine. — Les
Marsouins du Grand-fleuve. — La princesse Thi-Qui.
— Sorcellerie et charlatanisme. — Le sorcier de la
rue Lefèvre. — Le sentiment de la peur chez les
Annams.

Au pays d'Annam, tous les événements
de quelque importance ont leur légende, les
faits historiques saillants ont toujours leur
côté merveilleux.

C'est le pays des légendes poétiques, la
terre parlante du symbolisme, le royaume
des fables où le bon Lafontaine aurait puisé
un flot intarissable de sujets inédits.

A travers les mythes grossiers mais toujours charmants de la fable antique, la vérité

historique se fait jour péniblement, traçant son chemin au sein de ces irréalités parfois très vraisemblables, obscure manifestation, d'un esprit toujours en quête de merveilleux.

L'observation nous montre, cependant, que l'instruction a peu d'effet sur ces croyances acceptées par toutes les classes avec une parfaite conviction.

Voici une légende populaire connue de tous les lettrés du pays d'Annam. Comme toutes celles dont nous avons déjà parlé, elle a sa poésie, son charme, sa saveur originale.

. . . .

A gauche du grand *Vaïco* occidental, se trouve un petit village annamite. La population paisible qui l'habite se livre exclusivement à la culture des rizières sur les berges du fleuve, réputées d'une extraordinaire fécondité.

Ce petit village situé non loin du grand pont Eiffel sur lequel passe la voie ferrée, restera fameux dans les annales, à cause de l'histoire merveilleuse que nous allons raconter.

Nos lecteurs ne nous en voudront pas, nous l'espérons, d'avoir recherché dans le *folk-lore* Indo-Chinois, la trame aujourd'hui perdue des légendes annamites. Elles ont, comme dans tous les pays de la terre, leur sincérité naïve, un puissant attrait pour les imaginations enfantines de ces peuples et comme un goût de terroir qui les fait aimer.

Les coloniaux studieux ne sont pas sans avoir lu l'histoire abrégée du peuple annamite.

Nous pouvons affirmer que nous avons trouvé dans cette lecture un intérêt véritable, en parcourant la dernière édition de l'Imprimerie Nationale, publiée par le savant professeur de langues orientales, M. Pétrus Truong-Vinh-Ky.

Au commencement du siècle, au soleil couchant duquel nous assistons à cette heure, deux partis redoutables se partageaient l'hégémonie du royaume d'Annam.

Les Tay-son au nord et *Gialong* au sud, combattaient depuis des années. Des batailles meurtrières avaient souvent ensanglanté le sillon et livré aux déprédations des hordes victorieuses des Tay-son, les florissants villages de la Basse-Cochinchine.

Pétrus-Ky nous a retracé la vie du héros *Gialong* dans les pages de son histoire annamite ; le futur empereur, doublé d'un habile capitaine, soutint, jusqu'au dernier moment, les efforts d'un ennemi dix fois plus puissant que lui.

Ce grand monarque, ami particulier de Monseigneur d'Adran, dut (au dire de ses historiens) la victoire finale à l'auréole merveilleuse, à la part de fantastique dont il sut, presque toujours, entourer ses actions guerrières.

Après avoir perdu une importante bataille sous les murs de Saigon, Gialong essaya de rallier ses soldats fugitifs et ses généraux autour de son étendard blanc et rouge.

Les trompettes guerrières faites avec de grands coquillages, eurent beau sonner la retraite en bon ordre, l'armée indisciplinée, saisie de panique, s'était débandée dans la plaine marécageuse de Thuduc et de Govap.

Gialong se trouva seul à la tombée de la nuit, avec quelques fidèles officiers qui réussirent à le cacher dans une modeste maison indigène.

Cependant, il fallait fuir, l'heure pressait, car l'ennemi semblait résolu à poursuivre sans merci l'armée impériale. Mais, où aller, de quel côté se diriger, sans amis, sans parents, sans nourriture, avec la certitude absolue de n'être pas livré aux Tay-son ?...

A la faveur d'une nuit sans étoiles, Gialong, suivi de deux amis fidèles, partit dans la direction incertaine que lui indiqua une poignée de balle de riz emportée par le vent.

Après avoir marché toute une nuit, exténué de fatigue, mourant de misère et de faim, il tomba sans forces, au lever du soleil, sur les bords d'une rivière inconnue.

Les trois amis se concertèrent et prièrent le Ciel de venir à leur aide, car ils allaient mourir.

Il fallait passer la rivière d'une largeur extraordinaire ; l'ennemi pouvait, en effet, arriver à l'improviste et reconnaître le roi dont la tête était mise à prix pour cinquante mille ligatures.

Un des compagnons du roi, envoyé à la recherche d'une embarcation, revint découragé, n'ayant pas osé entrer dans le petit village. On n'avait plus qu'à attendre la mort. Le grand empereur du royaume d'Annam allait rejoindre ses ancêtres dans l'autre monde. Il valait mieux en finir et se soumettre aux destinées d'en haut.

Tout à coup, des cris lointains, qui se rapprochent peu à peu, se font entendre ; les trompettes sonores annoncent l'arrivée de l'armée ennemie. Gialong dégaine son épée et attend les Tay-son de pied ferme ; il saura mourir en roi.

Mais quel est ce bruissement entendu dans les herbes? A la lueur indécise du crépuscule, les formes mal dessinées sont aperçues avec difficulté.

Les trois amis qui s'attendent à une surprise se retournent, et oh merveille ! constatent la présence d'un énorme crocodile qui, à travers les roseaux de la rive, vient respectueusement offrir son dos à l'empereur étonné.

Ce crocodile ne parlait pas, mais son œil était plein de timidité et de tendresse ; il semblait dire dans sa langue muette : « Montez, grand monarque, je vous porterai sur mon dos vers l'autre rive et vous sauverai de vos ennemis.

Sans perdre un instant, Gialong s'assied tranquillement sur la bête affreuse, qui prend son essor dans les eaux limoneuses du Vaïco !

Les deux amis fidèles, restés sur le rivage, occupent les ennemis et luttent jusqu'à la mort, pendant que l'Empereur d'Annam se sauve, inaperçu, dans les taillis de la berge voisine.

— Les lettrés savent ce qu'il advint ensuite de Gialong, forcé de gagner *Hatien* comme rameur d'une jonque annamite et de mettre la mer entre lui et ses ennemis.

Il resta deux ans caché dans l'île de *Phu-quoc*, méditant à l'ombre des pagodes, dans le recueillement et le silence, un nouveau plan de campagne, qui réussit à chasser pour toujours les Tay-son du royaume d'Annam.

*
* *

Nous avons vu, en traitant des superstitions annamites dans nos études ethnographiques, combien sont nombreuses et originales les croyances populaires des enfants de l'Annam. Ce qui frappe surtout l'observateur épris du réel intérêt qu'inspirent les recherches du *folk-lore* [1] chez ce peuple à l'esprit naïf et léger, c'est que les superstitions grossières, professées au sein des masses, ne sont pas seulement l'apanage du jeune âge. L'âge mûr et la vieillesse payent un tribut commun à ces légendes fantastiques, qu'en Europe l'homme adulte a dépouillées depuis longtemps. L'Annamite naît, croît, grandit et meurt au milieu de ce

---

1. *Folk-Lore* : vieux mot normand qui signifie *traditions populaires*.

chaos inouï de choses extraordinaires, profondément incrustées dans son cerveau par une longue suite de générations. Tous les grands animaux de la création sont pour lui un objet de vénération et de culte. Le tigre royal, malgré la terreur et l'effroi qu'il inspire, reçoit les hommages, les offrandes sincères de tout un peuple, au fond des plus humbles chaumières de l'Annam. Il est, pour tout le monde, le *Ong cop* ou seigneur tigre. « Monsieur le tigre a traversé le village, cette nuit, dira sérieusement et avec conviction le lettré du Gouverneur, chargé des écritures publiques! ».

Cependant, comme il est un peu lâche, au dedans de lui-même, l'Annamite insultera au seigneur captif, pris au piège et amené au chef-lieu dans une cage de bambou; il se rappellera peut-être, qu'un des siens a été autrefois la victime de ses griffes, et là, en toute sécurité, il le traitera comme le dernier des vauriens, avec son mépris si original et si typique, tout en le lardant de coups de lance ou de coups d'épieux. L'éléphant est aussi un grand personnage. Le *Ong Tuong*, le *Ong voi*, mérite considération! Songez donc, un animal de cette taille à côté d'un peuple si petit...

Comme les fauves de grande taille, qui au fond des forêts de l'Annam paissent en toute tranquillité, les monstres de l'Océan participent à cet élan de vénération que les peuples indo-chinois professent à l'égard des géants de la nature.

Mais, voici une étrange histoire qui vient, bien à propos, fournir une contribution intéressante à l'étude que nous poursuivons.

Elle est relativement de date récente et, comme chacun est à même de la contrôler, nous ne nous appesantirons pas outre mesure sur le degré de véracité de son criterium historique :

« Vers l'année 1848, le paisible village de pêcheurs, adossé contre les flancs de la montagne granitique du Cap Saint-Jacques, fut réveillé, un beau matin, avant l'aurore, par un événement extraordinaire, auquel les vieillards et les savants des basses provinces attribuèrent une grande signification.

Au moment où les barques des pêcheurs allaient se mettre en route, chargées de filets, avant le lever de soleil pour la pêche du large, toute la population du village fut mise en émoi par des cris inusités. Les notables s'assemblèrent, les autorités se rendirent à la maison commune pour tenir conseil. Quelque chose de grave se passait, sans aucun doute, à la faveur de la nuit!

Voici la raison d'une si étrange révolution au milieu de cette poignée de familles patriarcales dont l'existence ne connut jamais ni les difficultés de la lutte, ni les soucis de la vie. « Un énorme animal aux formes inconnues, battant le sol de ses puissantes nageoires, frappant les flots de ses formidables coups de queue, soufflant bruyamment comme un troupeau de buffles, gisait échoué sur le rivage de la mer [1]. Cet animal était gros comme une jonque, fort comme plusieurs éléphants.

Deux puissantes mamelles, d'où coulait un lait pur et blanc comme celui d'une femme, étaient placées sous son ventre. Ses yeux relativement petits avaient une expression de douceur remarquable. Sa bouche énorme était garnie d'une foule de dents vibrantes et polies comme du rotin. On pouvait en compter plusieurs centaines, en haut et en bas ».

1. Les annales nous ont conservé le récit de cet événement. Nous traduisons d'un livre écrit en caractères chinois, le passage qui s'y rapporte.

Rien de plus amusant que le ton sérieux de ce récit qu'on dirait raconté par une bonne d'enfants à des marmots du premier âge. Cependant, dit en terminant la légende, rien n'est plus vrai! »

Nos lecteurs ont déjà reconnu dans cette description un poisson de grande taille originaire des mers polaires; une baleine franche à l'humeur voyageuse qui, ainsi qu'il arrive parfois sur nos côtes de France, était venue se perdre dans les eaux chaudes de la mer de Chine, poussée sans doute par quelque typhon déchaîné.

Que venait faire cet énorme animal sur les côtes Annamites? Ce *Ca map* (baleine) était un émissaire d'en haut, un envoyé divin, chargé d'une mission spéciale présageant des choses de la plus haute importance; c'est ainsi, du moins, que le décidèrent les savants naturalistes de la Basse-Cochinchine, appelés en consultation auprès du vice-roi de Saïgon.

Pour empêcher que le flot ne remportât le géant des mers, à la marée haute, on amarra solidement cette baleine qui mesurait exactement 11 brasses et on attendit les événements. La décomposition ne tarda pas à faire son œuvre, apportant, sur les ailes des oiseaux de proie qui par milliers s'abattirent sur sa carcasse, la peste et le choléra. En huit jours, la charpente du cétacé, complètement nettoyée par les vautours et les marabouts de la plaine, permit aux Annamites de se promener dans son ventre, comme jadis l'illustre Jonas.

Les pieux pèlerins arrivèrent en foule ; un bonze austère vint s'établir auprès du mammifère décharné ; les offrandes tombèrent nombreuses et bientôt le religieux commença à quelques centaines de mètres de la plage une petite pagode assez coquette où le géant des mers fut porté en grande pompe, sur un autel où on peut le voir encore aujourd'hui. Jamais, au grand jamais, depuis cette époque, l'équipage d'une jonque Annamite n'est venu faire de l'eau à la source voisine, sans entrer dans la pagode de la baleine, sans offrir des présents ou brûler devant cette carcasse monstrueuse des bâtonnets odoriférants.

Maintenant encore, les pêcheurs de la région viennent faire, tous les ans, leurs dévotions à la pagode du Cap St-Jacques, afin que la sainte baleine leur accorde une pêche fructueuse, des opérations heureuses, ou un voyage exempt de soucis.

Le cachalot, le dauphin et tous les cétacés à mamelles, sont pareillement considérés par les Annamites comme doués d'une puissance mystérieuse, comme issus d'une essence particulière devant laquelle l'humble mortel doit respectueusement s'incliner.

Un jour, au cours d'un de mes voyages sur le Mékong, l'envie me prit de tirer sur les bandes de marsouins qui, à l'époque des basses eaux, remontent les grands fleuves de l'Indo-Chine pour aller habiter les eaux douces du mois de mars au mois de mai. On les voyait par troupes, faisant leur *saut de moutons* sur la cime des vagues, suivant de près les barques indigènes et laissant entendre un bruit particulier comme le vagissement d'un enfant.

Le bout de leurs seins ronds comme ceux d'une femme pointaient hors de l'eau, réfléchissant au contact des rayons dorés du soleil leurs écailles éclatantes, ou l'azur de leurs larges queues. Comment voulez-vous qu'un si étrange animal qui n'est, en somme, ni chien ni poisson, n'ait pas tenté la verve des Annamites ? Comment se peut-il que la légende pleine de mystères dont se nourrit le peuple ne se soit pas emparée de l'existence de ce poisson pour forger à loisir des histoires qu'il faut croire, sous peine de passer pour un esprit fort ou un niais...

« Ne tirez pas, Monsieur, je vous en conjure, me dit, en se jetant à mes pieds, le batelier annamite ; s'il vous arrivait de tuer ou de blesser une de ces pauvres bêtes, cela nous porterait malheur. » Devant une telle insistance je ne pus que me laisser fléchir.

J'ignorais, en effet, que le marsouin est un animal sacré du royaume des ondes et que son passé historique a quelque chose de mystérieux et de divin :

« Il y avait, une fois, un prince annamite qui avait deux filles merveilleusement belles. Elles étaient si parfaites que tous les princes du sang des nations voisines vinrent demander leur main.

La plus jeune, nommée Thi-Qui, était un ange égaré sur la terre, une perle précieuse dont les qualités du cœur égalaient les qualités du corps ; et, en outre, douce comme une tourterelle, blanche comme un lys, etc., etc.

Mais Thi-Qui repoussait les demandes en mariage ; son cœur appartenait à un jeune homme pauvre nommé Linh parti vers la capitale pour y passer ses examens de lettré. Elle lui avait promis le mariage quoiqu'il arrivât, si toutefois il était heureux au concours littéraire.

Cette enfant de 15 ans aimait tellement son père et sa mère que ces derniers, pour ne pas la contrarier, faisaient tout ce qu'elle voulait. Un roi du voisinage, fort puissant, outré du refus qu'avait éprouvé son fils, déclara la guerre au père de la jeune fille qui resta victorieux après maints combats.

Enfin, Ahn-Linh partit de Hué après avoir passé de brillants examens.

Ses compositions furent tellement remarquées, que le roi lui-même voulut les lire. Linh fut nommé, hors concours, grand dignitaire de la couronne et reçut du monarque une bague en or ornée d'un gros diamant, sur une des faces duquel deux caractères étaient gravés, enduits de rouge : « Si tu expliques la sentence renfermée dans ces deux caractères, tu épouseras ma fille légitime et je te nommerai premier ministre à mes côtés... »

Au sortir de la ville, un vieillard vint lui demander l'aumône et prenant l'obole de sa main s'écria : « Jeune homme, porte ce papier au roi et tu auras ta récompense. »

Après avoir dit ces paroles, le vieillard s'évanouit, emporté dans un épais nuage.

Anh-Linh rebroussa chemin et porta au roi le papier mystérieux qui contenait l'explication des deux caractères...

Nommé grand ministre du royaume, Linh fut désigné comme héritier direct du trône, en l'absence de toute descendance mâle. Mais il oublia Thi-Qui, sa belle, qui, de désespoir, se noya dans le cours d'eau voisin.

Le grand Dragon, ému par le désespoir

de la jeune fille, la changea aussitôt en marsouin et lui laissa ses deux seins admirables
pour témoigner de son sexe aux générations
à venir. Depuis cette époque, on entend,
dans le courant des fleuves, les gémissements
de l'amante qui pleure son amoureux.

Et voilà pourquoi, chers lecteurs, il ne
faut point tirer sur les marsouins lorsque
vous les verrez exécuter leur *saut de mouton* au-dessus des vagues et que leurs seins
de femme pointeront à la surface des eaux.
Cela vous porterait malheur...

*
* *

Ce qui frappe tous ceux qui étudient les
singulières coutumes de ce peuple, c'est la
place que tiennent dans la vie journalière, la
religion et plus particulièrement le culte des
esprits. Tout est religieux chez les Annamites.
Aussi ne doit-on pas s'étonner de rencontrer,
à chaque pas, l'influence du sorcier. Chaque
village, chaque hameau possède ses devins ou
diseurs de bonne aventure, son vieil anachorète maître des sorts, conjurateur de sorti-
lèges. Les vieilles femmes qui exercent cette
profession honorable sont légion. La sorcière
de Thuduc, petit village situé à 10 kilomètres

environ de la capitale, est renommée à cent
kilomètres à la ronde. Elle prédit, six mois à
l'avance, aux femmes enceintes le sexe des
enfants. Elle ne se trompe jamais, si on a
rempli exactement les recommandations
prescrites. Toute la série des charlatans et
des médicastres exerce son art en plein jour.
Inventeurs de trésors, procureurs d'héritages, devins qui font retrouver les objets
perdus, marchands de poisons et de maléfices
règnent en maîtres sur les faibles populations. En pleine civilisation européenne, sur
les dalles du marché central, des centaines
de dévots vont chercher, tous les matins, la
consolation et la tranquillité de l'âme. Pour
25 centimes, le charlatan prédit toutes sortes
de bonheurs aux Annams confiants.

A l'angle de la rue Lefèbvre, au bas d'une
maison noire qui porte le n° 23, se trouve
une petite porte ogivale, à côté de laquelle
brûlent, sans cesse, des milliers de bâtonnets
odorants. Frappez discrètement et demandez
à pénétrer dans le minuscule sanctuaire,
grand à peine comme une guérite de soldat.

Un vieux Chinois ratatiné ira vous ouvrir,
en vous souhaitant la bienvenue. Il allume,
à ce moment, des cierges que les dévots sont
venus déposer devant la porte de l'antre
saint !

Sur un autel de dimensions réduites, des présents sont entassés ; les fruits de la saison y dominent et, parfois, des cochons rôtis, tout entiers, étalent au milieu de ces victuailles leurs formes rebondies, luisantes de graisse.

A droite, la pierre qui a touché l'empreinte du pied de Bouddha ; des gris-gris en bois ou en métal possédant des vertus diverses. A gauche, un appareil (un instrument !) vous fait rire par sa forme saugrenue et peu discrète. On l'exhibe rarement, mais *Phallus* est sorti de sa cachette, en l'honneur de l'anniversaire du temple minuscule ; de nombreuses femmes stériles viendront au coucher du soleil offrir des présents à ce dieu d'un nouveau genre, se feront toucher le nombril pour devenir mères, car la stérilité est une honte, une flétrissure, en Extrême-Orient.

Le maître de céans est un sorcier, un devin dans toute l'acception du terme.

La petite chapelle du *Ong Bông* est un lieu de pèlerinage comme celle de Cau-ông-Lanh et la chapelle de Cholon au quatrième quartier.

Le *Ong Bông* prédit l'avenir, explique les songes, fait retrouver les objets volés, guérit les maladies contagieuses, etc., etc.

Il ne demande pas d'argent et reçoit, en fermant les yeux, l'obole qu'on veut bien déposer dans sa main d'ascète.

Son visage amaigri reste impassible avec des apparences de momie peinte en jaune, séchée au grand soleil d'Orient.

Crédule à l'excès, plein d'illusions et de chimères, l'Annamite, assoiffé d'idéal et d'espoir d'outre-tombe, pratique la peur des dieux à l'égal d'une vertu. C'est ce sentiment de crainte salutaire pour tout ce qui lui paraît supérieur que devraient intelligemment exploiter ceux qui sont venus faire sa conquête morale et matérielle. La peur de l'invisible reste seule toujours aussi forte, vraiment intangible ; la crainte du visible, l'impression redoutable qu'inspirait autrefois le vainqueur au vaincu diminuent chaque jour davantage chez l'indigène et finiront par disparaître à bref délai.

XIV

JUGES ET TRIBUNAUX FRANÇAIS EN INDO-CHINE

Du sang et des larmes. — Le dossier judiciaire. —
L'évolution de la morale annamite. — Un livre à faire.
— L'âme annamite, sa transparence. — Le procès de
Bentré. — Montagnes de jugements inexécutoires. —
L'insulteur des mânes et le président de Soctrang.
— Méconnaissance des us et coutumes, source de
crimes juridiques.

Qu'avez-vous là dans cet énorme dossier
de paperasses, me demandait, un jour, un
vieil administrateur, annamitisant distingué,
auquel j'expliquais, à l'aide d'exemples pro-
bants, quelques erreurs judiciaires, glanées
çà et là dans les tribunaux provinciaux? Il y
a là, répondis-je, l'erreur monumentale de
tout un peuple qui veut perdre ses colonies,
le crime sans cesse renouvelé d'une compré-
hension fausse de la justice humaine, la haine
concentrée d'une nation désorientée par l'ap-

port insensé de nos lois ; il y a, enfin, du sang et des larmes, qu'aucune réforme transitoire ne saurait sécher.

Je venais de faire, en me promenant dans les provinces de l'Ouest, une petite enquête personnelle, avec l'intention d'écrire un livre sur la plus colossale tromperie qu'ait jamais perpétrée, chez un peuple soumis, souverainement respectueux de l'autorité, un vainqueur intelligent, qui a semé à pleines mains ses idées de liberté de par le monde.

Ce livre, j'ai renoncé à l'écrire, et les faits qu'il devait contenir feront l'objet de chapitres épars. Le travail que je me proposais aurait trop ressemblé à un rapport administratif, destiné seulement aux vrais connaisseurs du pays et de la race, aux rares Français ayant pénétré l'âme de ce peuple, que deux mille ans de gouvernement autochtone, terriblement dur, n'ont pas plus obscurcie que l'eau pure du rocher ne ternirait, en le baignant, une heure ou un siècle, l'impérissable pureté du diamant.

Pour ceux qui sont bien au courant des us et coutumes du pays et auxquels la langue nationale est un tant soit peu familière, l'âme populaire apparaît au travers des sentiments divers et des états changeants, qui la cachent aux yeux du vulgaire, aussi claire, aussi limpide que du cristal.

C'est l'âme de l'enfant qui s'épanche, sereine, insouciante ; c'est l'observation morale qui se fait jour avec l'inconscience du jeune âge, mais qui sait si bien rendre les sensations intérieures, nées de ses brusques impressions du dehors.

Pour des observateurs exercés, les Annamites sont des enfants terribles, dont la répartie cruelle et vive est souvent un enseignement.

Qu'auraient pensé mes lecteurs Européens, qui n'ont jamais franchi l'horizon borné de la Savoie, des Pyrénées ou des Alpes ; qu'auraient dit les sceptiques du jour, en lisant au début de ce livre ces monstrueuses révélations ?

« Les Français ont, depuis 1880, établi, dans chaque arrondissement, un Tribunal de 1re instance, reproduction fidèle de ceux qui fonctionnent dans la Mère-Patrie.

« Ces Tribunaux sont présidés et dirigés par des magistrats très jeunes, pour la plupart, entièrement ignorants des us et coutumes du pays, complètement étrangers à la langue annamite ; par des hommes incapables de contrôler l'interprète indigène, cheville ouvrière des procès.

« Dans ces Tribunaux, il est bien spécifié qu'une application des Codes nationaux, tempérée par le large et tolérant esprit de la loi française, doit être la base de la conduite à tenir, mais comme pour appliquer un Code étranger, encore mal traduit et mal annoté, la première des conditions est de le bien connaître, les juges ignorants de la langue annamite ne peuvent, en aucune manière, l'employer.

« Tout est jugé et arrêté, dans un pays situé à dix mille kilomètres de la Mère-Patrie, par des Codes et des articles savants, dont l'esprit est une monstruosité, au regard de la nation conquise, une incommensurable source d'erreurs journalières, qui accumulent sur nos têtes ces montagnes de haines nationales que l'histoire écrit plus tard avec du sang ! »

Écoutez encore...

— « Ces Tribunaux coûtent, tous les ans, au budget colonial des sommes relativement élevées, mais il est prouvé, aujourd'hui, par des observateurs sincères, qu'il serait, dans bien des cas, préférable que le prétoire ne fût jamais fréquenté.

« Le Code annamite grand ouvert, devant la porte principale, aurait bien mieux conservé, par sa majesté effrayante, l'idée de droiture et de justice dans l'esprit des populations. »

Mais quels jugements rendent-ils donc, ces jeunes magistrats, tout frais émoulus de nos usines universitaires, de ces fabriques malsaines où l'Etat du moyen âge élabore avec ses idées rétrogrades (vraiment chinoises) ses bacheliers, ses licenciés et ses docteurs en droit ?...

— Vous allez voir :

A Bentré, le nommé *Nguyen-van-Thinh* possède de très vieux papiers, des titres de propriété échappés à l'action dévorante des fourmis blanches.

Il y a 98 ans, son grand-père habitait dans un petit village de la province, où les neuf dixièmes des familles étaient unies par des liens consanguins. Dans les campagnes annamites, les vieilles familles attachées à la glèbe vivaient souvent, de génération en génération, pendant des siècles, sur la terre arrosée par les sueurs paternelles, où dormaient, sous la verte rizière, une longue suite d'ancêtres disparus.

Un agent d'affaires véreux, qui avait aidé l'indigène précité dans un procès facilement gagné, pénètre (comme un tigre dans un troupeau de bœufs) au sein de ce paisible foyer.

On étudie les papiers précieusement conservés dans le bahut à roulettes, on fait venir les chefs des villages environnants, on consulte les vieillards et on introduit une affaire devant la justice.. On venait, en effet, de découvrir qu'il y a environ un siècle, la famille de Thinh reçut d'un gouverneur militaire de la province, et ce moyennant paiement d'une somme assez minime, un lot de terres, évalué à 150 hectares, dont il pouvait jouir en toute propriété.

Comment la famille de Thinh abandonna-t-elle le domaine après en avoir défriché et canalisé une partie minuscule, et comment l'actuel propriétaire se trouvait-il seul maître de la terre à la suite d'héritages successifs, d'usufruits embrouillés, de jouissances posthumes ? C'est ce qu'il serait trop long de raconter.

Le possesseur légitime et reconnu, *Nyuyen-van-Hien*, ne pouvait, sans doute, en expliquer la provenance héréditaire. On garde peu de papiers dans les familles, les incendies se chargeant de purger les vieilles hypothèques, dans les villages construits ordinairement en feuilles de palmier d'eau.

Hien donnait pour raison des faits de sentiment qui auraient attendri la logique et le cœur d'un tigre.

Mais, Monsieur le Juge, disait-il dans sa supplique, mon grand-père mort, il y a trente ans, travaillait ce domaine, mon père qui vit encore sait vaguement que, par les femmes, ce lot de terres échut à mes aînés. Et puis, comment voulez-vous que j'abandonne le foyer de mes vieux parents; comment pourrai-je quitter les tombeaux où dorment tous mes ancêtres? Qui viendra, maintenant, arroser le sillon d'eau lustrale et faire brûler, en l'honneur des mânes en quête des besoins d'outre-tombe, les bâtonnets odoriférants? Qui servira devant la porte du sépulcre, aux esprits errants, le repas funèbre, etc., etc. »

*
* *

Le tribunal [1], jugeant au fond, ne vit que des articles écrits avec le sang de dix révo-

---

1. Le code annamite reconnaît, comme les codes européens, qu'en cas de litige dont la source remonte très loin, *possession vaut titre*. Dès qu'un indigène a fait construire des tombeaux sur un domaine, il est rare qu'il abandonne le culte des mânes à des étrangers. Et comme

lutions, émanation grandiose de deux mille ans de progrès. Le code Napoléon n'est-il pas le monument le plus éclatant de la liberté humaine ? Hien, chose monstrueuse, fut condamné à restituer.

.Mais une formalité restait à accomplir. Il ne suffisait pas de juger, il était, en plus, indispensable de faire exécuter les arrêts imprescriptibles de la justice française...

Quand les huissiers, accompagnés du déploiement de forces accoutumé, se présentèrent devant le village, une révolte terrible s'éleva ; les mânes sortirent du tombeau et soulevèrent les campagnards.

Une panique énorme gagna, comme une traînée de poudre, les vertes rizières ensoleillées. Dans le sillon vaseux chargé d'humus, la poussière des morts se levait en nuages épais, soufflant dans le ventre des nha-qués[1] les imprécations ancestrales, les velléités de résistance aux lois établies, les idées de folie, qui font jeter, pour un jour, le manche après la cognée ; c'était enfin la guerre ouverte, la lutte pour l'existence du

il est d'usage en Annam de laisser reposer les morts sur leurs terres, la loi admet, en principe, que le domaine appartient aux descendants.

1. *Nha-qué* : paysan, en annamite.

foyer et la conservation des demeures sépul-
crales.

Ces sinistres mouvements, avant-coureurs
d'une révolte prochaine dans ce paisible coin
de terre, firent ouvrir les yeux de l'autorité.
On prescrivit des enquêtes et l'administrateur
télégraphia un long rapport, où il était
prouvé que le jugement était inexécutoire et
qu'en cas d'emploi de la force, il ne répon-
dait plus de la sécurité... Pour exécuter à la
lettre ce jugement, il aurait fallu mobiliser
un bataillon de 1.200 hommes !

Depuis 1892, ce jugement dort dans les
cartons de la justice, d'un sommeil de mort.

— Mais écoutez encore...

« Dans la seule province de Vinh-Long, il
y a trois ou quatre ans, cent dix-huit jugements gisaient inexécutoires et inexécutés,
épaves lamentables d'une ignorance surannée, dans les greffes poudreux de la justice
provinciale.

« A Cantho, soixante-quatorze jugements
impossibles à exécuter...

« A Longxuyen, cent quarante-huit jugements inexécutoires, disons franchement
contraires aux lois du pays.

« A Soctrang, quarante-huit dossiers
inaptes à recevoir un commencement d'exé-
cution.

« A Chaudoc, des jugements très importants emcombrent les poussières du greffe
Il faudrait mettre le pays en état de siège,
pour porter dans les campagnes désolées
une pincée de cet esprit libertaire qui, sur
les champs de bataille de Fleurus, de Jem-
mapes et du Rhin, affranchissait, il y a juste
cent ans, l'Europe fermée à nos idées révolutionnaires. »

Un administrateur de province, plus courageux que les autres, télégraphiait au pro-
cureur général Baudin :

« Les six jugements dont vous parlez sont
absolument inexécutoires. La province de
Cantho se soulèverait tout entière. Les huissiers et chefs de milice, envoyés pour appliquer la loi, ont failli être massacrés. Vos
jugements bouleversent profondément les us
et coutumes du peuple annamite. Envoyez-
moi un bataillon d'infanterie de marine et,
peut-être, réussirai-je à les faire exécuter
pratiquement. Je ne réponds pas, dans ce
cas, des évènements qui pourraient s'en
suivre ? »

Cet administrateur courageux et profond,
connaisseur des indigènes, s'appelait Deschazeaux !

Instituez donc des tribunaux ; appliquez
maintenant les codes de l'Europe.

— Voilà, chers lecteurs, quelle était la préface du livre que je voulais écrire.

Et dans le cours de ce travail, que de faits, que d'articles émus, sortis indignés de la plume de hauts fonctionnaires ! J'aurais dû citer des preuves irréfutables, donner des noms, révéler des pièces secrètes, comme celle de Deschazeaux, etc... Par les temps qui courent, avec l'esprit administratif en vigueur, les auteurs auraient été punis, révoqués peut-être, et il m'a semblé que sur tant de larmes il était inutile d'en faire couler de nouvelles. Et voilà pourquoi je suis resté silencieux. Mais cette étude, je la ferai. Vous ne perdrez rien pour attendre.

Il me resterait, maintenant, à démontrer comment un peuple organisateur arrive à laisser dévier l'idée primordiale de justice ; comment on finit par corrompre l'esprit droit et simpliste des populations [1].

---

1. Rien de plus curieux que d'assister à un procès présidé par un magistrat inexpérimenté, fraîchement arrivé de France. Lorsqu'on demande à un Annamite s'il est parent ou allié du justiciable en cause, il regarde ahuri sans comprendre. Dans certains villages, les trois quarts des habitants sont unis par des liens consanguins. Sur quarante témoins dans une affaire de captation d'héritage, trente-huit portaient le même nom familial.

Il faudrait dire encore que la justice est la conséquence immédiate de la morale d'un peuple, que l'évolution d'une nation repose sur un très petit nombre d'idées originales, et qu'ici, l'idée religieuse, le culte des ancêtres, le culte du foyer, en un mot, est la cheville ouvrière, la cause spéciale qui dirige toutes les actions chez les Annams. Qu'il est dangereux de toucher à cette partie du lourd engrenage sur lequel, depuis vingt siècles, naît, progresse, évolue, vieillit, meurt et enfin repose tout l'édifice social annamite.

— Ecoutez encore une histoire et tâchez de devenirs clairs.

En 1883, à Soctrang, un ancien chef de canton venait en grande cérémonie, flanqué de nombreux témoins, porter plainte au tribunal provincial, contre un haut fonctionnaire indigène.

Sa plainte était conçue en termes qui prêtaient un peu à rire, et qui provoquaient naturellement le ridicule chez tout homme étranger aux us et coutumes du pays.

Un huyen (sous-préfet, en langue annamite), avec lequel il était en contestations domaniales, ayant prononcé, devant le village assemblé, des imprécations telles contre sa famille et ses ancêtres, que le scandale réclamait une prompte et solennelle réparation.

Au cours d'une discussion dans la maison commune, le sous-préfet avait maudit la famille jusqu'à la cent trente-sixième génération. Il avait fait forniquer, en termes exécrables, le plaignant avec sa mère, sa grand' mère, ses aïeules, ses bisaïeules, et enfin avec toute la lignée ancestrale, masculine et féminine, depuis les âges reculés. Il avait, en outre, foulé aux pieds les mânes du plaignant, prononcé des formules abominables et diaboliques contre les esprits du foyer, insulté aux génies protecteurs de la famille, etc.....

Le président du tribunal M. D..., esprit bon, mais un peu sceptique, ne pouvait comprendre qu'au xixe siècle un tribunal français fut à même de connaître d'un tel méfait.

Il sourit vaguement et, fermant le code d'un geste d'impatience, il renvoya dos à dos les deux plaideurs ahuris.

Cette affaire fut la cause d'un gros scandale dans les campagnes. La loi annamite était formelle. Il était interdit d'insulter l'âme des ancêtres, rocher inébranlable, base infrangible des institutions.

Ce magistrat fin de siècle (issu d'une famille de jurisconsultes), dont le père avait peut-être condamné des Français pour blasphème et sacrilège, refusait d'admettre de semblables puérilités.

Et dire que le code français condamnait, il n'y a pas bien longtemps, le profanateur avéré des vases sacrés, à l'amputation du poignet, dans cette même France de 1793.

Qu'elle est profonde cette évolution de la morale chez les peuples, et combien sa méconnaissance est une source de crimes juridiques et d'erreurs sans nom [1].

1. Voir notre étude sur les codes français en Indo-Chine. *Au pays Annamite*, 1 vol., chez Challamel, rue Jacob, 18, Paris.

XV

POURQUOI LES ANNAMITES NE RESPECTENT-T-ILS PLUS LES EUROPÉENS?

L'irrespect annamite. — Caractère national des Français. — Pénétration morale. — Le Français a laissé des traces profondes partout où il a dominé. — Quelques races pénétrées. — Le péché et le châtiment de la France. — Mulâtres et quarterons. — La famille annamite. — La justice et les codes français. — Les livres de morale. — Une triste constatation.

Il serait étrangement oiseux, pour ne pas dire puéril, de constater ici, même en passant, la perte du respect, de jour en jour grandissante, à l'égard de l'Européen, chez le peuple annamite. Tous les Français qui veulent bien nous lire ont déjà fait la triste constatation d'un état de choses qui aveugle les yeux des moins prévenus. Cette impuissance de notre prestige chez un peuple si éminemment gouvernable et historiquement respeclueux de l'autorité constituerait pour l'observateur la plus décevante des énigmes, si la connaissance de notre caractère et de nos théories dominatrices n'apportait, à l'étude que nous allons essayer de faire, une intéressante mais décisive contribution.

Un simple regard jeté en arrière sur les territoires, aujourd'hui perdus, hélas! que la France compta longtemps parmi ses domaines, suffirait, d'une façon générale, à ceux pour lesquels les leçons de l'histoire sont un enseignement. Mais, comme il est nécessaire de tenir un compte exact des nfluences de la race, nous aurions, pour chaque colonie, une étude spéciale à faire, une observation particulière des influences produites par les conquérants sur le peuple conquis. Etude attachante, sans doute, qui demande une consultation des livres spéciaux. Restons donc chez ce peuple annamite, si révolutionnaire dans la forme, mais qui, dans le fond, se montra toujours attaché à ces principes de vertu, éternelles bases de sa morale :

Respect de l'autorité suprême, respect de la famille, du village, des autorités constituées, respect des ancêtres, respect des morts.

Ce mot *respect*, tel que nous le comprenons dans sa racine philologique, constituant une idée abstraite, n'existe pas explicitement dans la langue annamite, comme bien d'autres mots, du reste, de même essence idéale, de même subjectivité.

Chaque forme de pratique respectueuse se traduit par un terme adéquat, qui exprime comme une sorte de culte hiératique, issu d'un sentiment religieux profondément situé dans les couches sociales. Respecter les vieillards, craindre et vénérer le pouvoir, honorer la mémoire des ancêtres, pratiquer le culte des disparus, se *prosterner* devant les autorités, comme au grand jour des cérémonies on s'aplatit humblement devant la majesté des idoles, au fond des temples ; c'est là toute la vie d'un annamite, toute la raison d'être de son culte qui s'étend à tout ce qui, prestigieusement, se trouve au-dessus de lui. Ici, la religion côtoie de très près les actes de la vie civile, et pour si peu que nos observations devinssent minutieuses, nous verrions que les deux idées se confondent, se marient et se pénètrent intimement dans bien des cas.

*
* *

On a dit avec juste raison que les Français
ont laissé, chez tous les peuples qu'ils ont
été appelés à dominer, des traces profondes
de leur passage. Les *demi-français* de
Maurice, les *bois brûlés* du Canada, les
nationaux de Saint-Domingue forment,
même après deux siècles, un prolongement
de la race gauloise sur ces terres lointaines,
où le drapeau de France un jour flotta. Con-
trairement et à rebours des Anglo-Saxons qui
ont su maintenir très haut leur prestige, en
se tenant, toujours et sans merci, à l'écart du
vaincu, les néo-latins ont, pour ainsi dire,
pénétré toutes les races, physiquement d'a-
bord par des unions inconsidérées, sans
limite, moralement, enfin, par un apport
désordonné de leurs libertés, de leurs théories étrangement humanitaires, par une
semence folle de leurs idées. Aucun peuple,
si bas fût-il à l'échelle des races, n'échappa
à cet échange physique et moral de leur
sang, de leurs idées, de leurs sentiments et
de leurs croyances...

Depuis le Tahitien voluptueux et jovial,
jusqu'au Cafre hideux, jusqu'au nègre sau-

vage et dégradé de la côte occidentale d'A-
frique, qui peupla nos Antilles, toutes les
individualités ethniques de l'espèce ont fourni
à travers les siècles à nos possessions lointaines un nombre incalculable de demi-sang,
mulâtres et quarterons de tout acabit, qui
furent d'abord notre péché et qui devinrent
plus tard notre châtiment inévitable.

La gracieuse race annamite ne pouvait
échapper à ce besoin d'expansion physique,
exagéré au plus haut degré par cette contagion inouïe de sentiments, de pensées, de
caractère que traîne après lui, comme une
chaîne dorée, le génie latin en décadence.

Cet excès de familiarité engendre toujours
le mépris; mais il est évident, pour les observateurs attentifs, que nous aurions pu le corriger par un relèvement moral de notre prestige. Si tant est que le Français ne pouvait,
en abordant dans un pays conquis, laisser
son génie national (son mauvais génie) sur
le rivage, devenait-il nécessaire de tout bouleverser chez le peuple enfant qu'il allait
gouverner?

Il faudrait des volumes entiers pour décrire
avec vérité le mal que cet insatiable besoin
de tout changer causa, dès le début, à notre
influence dominatrice. Et ce mal ne fait que

croître avec les années! Nous avons créé des tribunaux français; c'est fort bien, mais il était indispensable pour le bonheur des populations, d'importer notre code Napoléon, qu'elles sont inaptes à comprendre?

Nous avons adopté un certain tempérament du code civil français, par une application mitigée du code civil annamite. Et pour perdre tout le bien que nous attendions d'une pareille réforme, nous avons laissé subsister le code pénal de la France, dans toute son intégralité [1]. Mais c'est précisément sur les bases de ce code pénal, fruit de 12 siècles d'applications, que repose la sanction d'un peuple dont la morale évolue dans un sens diamétralement opposé au nôtre, d'un peuple enfant prompt à la désobéissance, mais très bon, au fond. Chez les Annamites, le châtiment suivait de très près l'offense. Il faut, aujourd'hui, après des mois et des semaines, des appels et des cassations interminables qui font souvent oublier au coupable le motif de sa condamnation. Cela sans préjudice de toute absence de crainte que produit sur ces cerveaux mobiles une peine presque toujours

1. Voir notre ouvrage *Au pays annamite*, Challamel, éditeur, 17, rue Jacob, Paris. 1 vol. 300 pages.

sans portée. La prison, telle que nous la considérons, étant un pis aller dans l'existence annamite, un abri, un refuge avec sécurité de confort, on juge de l'effet moral de l'incarcération chez un peuple de va-nu-pieds, pour lequel l'honneur et la considération d'autrui sont une superfétation ridicule.

La prison cellulaire, l'incarcération silencieuse, l'isolement comme nous les pratiquons en Europe, restent sans effet sur les Annamites qui ont une parfaite conviction de leur inefficacité pénale, puisqu'ils comprenaient tout autrement la sanction. Ce n'est point la prison qui retenait autrefois les malfaiteurs annamites, mais bien l'accompagnement inévitable des punitions variées qu'elle entraînait : la chaîne, le jeûne, le *hard labour* ou travail forcé, le bannissement ou l'exil temporaire en cas de récidive, le rotin, etc...

La suppression du rotin fut, au dire des Annamites eux-mêmes, la cause la plus directe de l'irrespect.

Initium sapientive, timor rotini !

*
* *

Mais que dire, enfin, d'une loi qui autorise devant la barre des tribunaux des accou-

plements aussi désolants que grotesques :
un malheureux domestique traînant en justice son maître, magistrat haut placé? Est-ce
complet? Et comment pourrions-nous nous
plaindre encore? Partout, au Tonkin, en
Annam, en Cochinchine et au Cambodge,
les journaux sont pleins de l'effet désastreux
que produisent sur les populations ces mesquines vindictes d'une loi atrocement ridicule, quand elle s'adresse à deux entités si
éloignées l'une de l'autre, par l'intelligence
et le prestige, par ce droit de conquête, qui,
malgré tout, est inné chez nous.

Je sais parfaitement l'abus que font d'une
certaine autorité des compatriotes sans principes, pour qui les actes de brutalité sont le
pain de chaque jour. Mais il doit y avoir
quelque part d'autres moyens pour mettre à
la raison les sans cœur d'une catégorie qui
oublie trop facilement que, si on veut être
respecté, il faut punir avec justice. Et
puisque nous avons apporté avec nous ce
caractère national qui sait se faire aimer,
sachons punir aussi sans perte de prestige.
Pour terminer la série judiciaire dans l'énu-
mération des causes qui détruisent le respect,
parlons de l'idée saugrenue qui germa, un
jour, dans la cervelle d'un haut fonction-

naire. Cet homme fut un grand savant, peut-
être, mais je lui refuse toute connaissance
sociologique, je dirai même tout bon sens.
Cet homme, qui allait administrer un grand
pays désolé par la guerre, fit traduire et
imprimer à des millions d'exemplaires, *la
déclaration des droits de l'homme*, distri-
bués à profusion dans les districts soulevés.
Il fut heureux, pour l'avenir de notre domination, qu'il se trouvât une poignée de rési-
dents et de missionnaires intelligents, qui
firent main basse sur ce factum incendiaire
pour le détruire ; il fut encore plus heureux
que les quelques milliers de feuillets dispersés dans les campagnes restèrent incompris
de la majorité...

On devine le désarroi qu'aurait produit
l'application d'une semblable thèse, s'il se
fût seulement trouvé dix hommes de tête
pour en soutenir la vérité.

*
* *

Il n'est peut-être pas un peuple au monde
qui ait porté plus haut les vertus du foyer et
de la famille. L'autorité paternelle était,
autrefois, si étendue, que la loi conférait au
père de famille droit de vie et de mort sur ses

enfants. Ces derniers étaient considérés comme sa propriété, et jamais code familial ne fut, à la fois, plus humain et plus sévère.

On vante partout les douceurs du foyer annamite, les liens sacrés de la famille ; il ne faut pas oublier que l'amour du père marcha de pair avec son extrême sévérité.

Le respect familial, loin de s'en ressentir, grandissait toujours avec l'âge, et il n'était pas rare, dans les villages, de voir un vieillard fouetter, en public, pour un manquement aux coutumes ancestrales, un fils marié, père de nombreux enfants... A défaut du père, l'aîné prenait les rênes du foyer, le saint respect des traditions se transmettait comme un testament olographe devant les enfants assemblés ; l'obéissance aux lois en usage ne perdait jamais ses droits.

Avec notre éducation utilitaire et un peu trop scientifique, l'Annamite désapprend, dans nos écoles, tout ce que la douce vie de famille lui avait inculqué durant le jeune âge, lorsque, encore tout petit, il épelait chez le magister du village, dans son livre en caractères, les principes du droit familial.

Ces quelques livres chinois, vieux comme le peuple annamite, contiennent dans leur essence tout ce qu'un enfant doit à son père, à son village, à ses croyances, à ses ancêtres et à ses lois. On comprend, en les lisant, combien tout dans la vie du citoyen est essentiellement religieux chez l'Annamite, combien chez cette race sont puissants et infrangibles les liens qui unissent les vivants aux morts ! Tout est là dans quelques centaines de sentences, brèves comme des syllogismes, impérieuses comme des commandements.

Dans notre fougueuse manie de tout bouleverser, nous avons supprimé l'étude des caractères chinois dans nos écoles, ou du moins, elle est si peu en honneur, qu'il devient inutile d'en parler.

Parmi les jeunes gens issus des nouvelles couches, il n'en est peut-être pas cinquante dans toute l'étendue du Bas-Annam, qui comprennent aujourd'hui le premier fascicule des caractères, à livre ouvert.

La morale ancestrale est allée rejoindre les vieilles lunes. Les jeunes voyous sortis de nos écoles (je parle de ceux qui n'ont pas trouvé de place dans l'administration) sont les futures recrues de ces tribunaux, fabricants de lois stupides, aussi délétères que la peste à bubons. Dans les campagnes, dans les hameaux, le jeune adolescent a perdu cette notion du devoir, ce respect du vieillard innés chez l'Annamite [1].

Le père peut à peine user, pour son prestige, des arguments frappants que la loi avait mis dans sa main, par crainte des tribunaux. Demandez aux vieux Annamites intelligents, jetant tristement, sur le soir de la vie un rapide regard en arrière. En 20 ans tout est changé ; le jeune homme qui retourne au hameau n'est plus lui-même ; il sait beaucoup d'arithmétique, de géometrie, de belles lettres, mais il n'est plus Annamite, c'est un monstre aux yeux de la vieillesse qui va finir.

Comment voulez-vous que cet indiscipliné respecte les auteurs de la conquête européenne, puisqu'il ne sait plus respecter ceux que des lois aussi draconiennes que sages désignaient à sa vénération ?

Principes sucés avec le lait maternel, inculqués à coup de rotin sur le derrière ; morale ancestrale ; respect aux autorités du village ; crainte salutaire de la sanction pénale ; vénération familiale et (chose mons-

1. L'Enseignement gratuit et obligatoire, tel qu'on le pratique en Basse-Cochinchine, l'instruction européenne infusée par force, répandue à outrance dans les masses, commencent à porter leurs fruits. Le nombre des déclassés enlevés à l'agriculture augmente de jour en jour.

trueuse) croyances religieuses, tout cela est près de disparaître, dans une confusion barbare de toutes choses apprises à la hâte, ou infusées lentement dans un cerveau qui exagère démesurément, sans notion aucune des réalités, tout ce qu'il voit, tout ce à quoi il touche; respect du vainqueur, respect du maître qui ne sait plus s'imposer et qui voit s'envoler son prestige; tout cela va disparaître, tout cela va finir. La marée montante de l'irrespect envahit l'Indo-Chine !

XVI

LES MÉTIS FRANCO-ANNAMITES

Les rejetons de la conquête. — L'éducation des demi-
sang. — Mauvais systèmes. — Moralité des métis. —
L'avenir de la race. — Questions troublantes.

Quelque temps après la bataille de *Khi-hoa*,
bientôt suivie par le traité de Hué, qui nous
assurait la possession de la Basse-Cochinchine, le gouvernement de la France en-
voyait quatre grands transports à Saïgon
pour retirer les troupes du corps expéditionnaire, dont la tâche était désormais termi-
née. Un officier de vaisseau, enthousiaste ami
des pays d'Indo-Chine, nous a conservé, en
quelques lignes intéressantes, le tableau de
cet inoubliable embarquement.

« Sur les quais vaseux du fleuve témoin
de nos exploits, les amis qui restaient dans
la colonie et qui venaient dire adieu à leurs
camarades. Cohue indescriptible, charmant
désordre au milieu duquel on ne voyait

qu'amicales étreintes et mains franchement
tendues.

Derrière les troupes embarquées qui attendaient, impatientes, les chalands de la rade,
se tenait résignée et larmoyante la foule des
abandonnées. Trois cents femmes indigènes
environ attestaient au grand jour de la vérité
la puissance prolifique de la France ! Têtes
frisées, charmantes dans leur enfance rose,
gros garçons sains et vigoureux, fillettes
éveillées, à la prunelle noire, issues d'une
étreinte furtive la veille d'un combat, fruits
inattendus d'un amour illicite, portés par
leurs jeunes mères assistant avec des san-
glots au départ de ceux qui illuminèrent un
instant d'un rayon d'espérance leur pauvre
foyer...

Les *congaïs*[1] furent bientôt consolées.
Parmi cette poussière d'enfants mal venus,
les trois quarts sont retournés naturellement
au type indigène ; quelques-uns, fort rares,
ont bien tourné. D'autres, enfin, parmi les
femelles toujours plus intéressantes, ont été
recueillies par l'œuvre bénie de la Sainte-
Enfance et se sont plus ou moins bien ma-

1. *Congaï* : femme, en annamite ; c'est le terme
généralement employé pour désigner les filles non ma-
riées.

riées sur le tard. Maint beau capitaine, pris
d'un remords rétrospectif, s'est souvenu, au
lendemain de son mariage, qu'un peu de son
sang, laissé un soir d'oubli dans quelque case
indigène, criait pitié là-bas dans ce coin
d'Indo-Chine. Et voilà la raison pour laquelle bien des filles recueillies par les religieuses, ont pu, grâce à une dot tombée
d'une main inconnue, trouver plus aisément
le mari de leurs rêves.

Ce premier essai de sélection franco-annamite ayant fourni à l'observation un certain
nombre de types indiscutés, nous pourrions
étudier facilement les influences de cet
échange physique, mais n'anticipons pas et
voyons, sur la masse entière des demi-sang
cochinchinois, ce qu'ont produit le contact,
la rencontre de deux races.

* *
*

Ainsi que nous le disions dans notre pré-
cédente étude sur les Annamites, aucune
race n'a résisté au besoin physique d'échange
réciproque, incoercible, constaté chez les
néo-latins. Et si les immondes races du
Congo, de la Guinée, des Ashantis et des
Hottentots, dont les demi-sang devaient cau-

ser la ruine de nos Antilles, si les noires beautés de l'Afrique occidentale ont pu servir d'exutoire à nos pères, comment nous étonner que les attirantes femelles de l'Annam aient possédé à un si haut point le don de plaire aux premiers héros de la conquête française? Avec sa grâce enjouée, tenant autant de la femme faite que de l'enfant; avec ce caractère léger, primesautier, insouciant et rieur, qui est un peu aussi celui des enfants de France, la congaï annamite était sûre d'avoir du succès.

Cette attirance réciproque des deux races ne connut aucun obstacle légal. La femme passa sur toutes les contraintes coutumières de la loi, sur les menaces et les représailles de la famille, pour franchir la barrière morale qui la séparait du conquérant.

Depuis quarante ans, les unions franco-annamites ont été fécondes. La natalité a pris, dans ce milieu restreint, des proportions telles que certains ont déjà agité la question des *half-cast* et entrevu le problème dont la dernière solution se joue en ce moment aux Philippines [1].

1. Il serait peut-être intéressant de demander aux Espagnols ce qu'ils pensent maintenant de leurs hautes

L'élément philanthropique et pitoyable, probablement désireux d'atténuer le mauvais effet de ces discussions sociologiques, a fondé la *Société de protection des jeunes métis*.

* *
*

Ce petit aperçu historique rapidement esquissé, voyons ce qu'est devenue la première génération franco-annamite. Pour les études ethnographiques, je procède à l'aide d'un grand nombre d'observations particulières, qui me fournissent, d'abord, l'expression du type recherché. L'induction, la déduction, l'étude des caractères, des individus et des agrégats familiaux permettent d'arriver à des observations très précises.

J'ai ainsi suivi, depuis plusieurs années, des familles entières, dont je connais tous les membres, que je retrouve ensuite à mon aise sur la scène de la vie.

J'ai ainsi remarqué que, sur cent demi-sang, quarante au moins sont retournés, vers la vingt-cinquième année, au groupe indigène ou sont en voie d'y retourner. Les

idées philanthropiques et s'il n'aurait pas mieux valu pour leur domination future que tous les demi-sang retournassent au type primitif.

soixante autres se divisent en deux catégo-
ries bien distinctes : ceux qui réussissent et
ceux qui tournent mal. La première catégorie, qui renferme les employés d'administration de bonnes vie et mœurs, est de beaucoup
la moins nombreuse. Le chiffre des métis
qui abandonnent le droit chemin atteint d'ef-
frayantes proportions. Je fais présentement
abstraction des filles dont il faudrait tenter
une monographie spéciale.

Les métis qui ont perdu leurs parents
pendant leur jeune âge, et que des circonstances exceptionnelles ont fait *regresser*
vers le type primitif, sont encore les moins
susceptibles de déchéance. S'ils vivent chez
les ascendants de leurs pères et mères, de la
douce vie de famille, ils pourront peut-être
bénéficier, dans une certaine mesure, des
qualités de race qu'ils portent en germe dans
leur cœur. Mais il faut que le retour au
groupe indigène soit complet et de longue
durée. Un frottement passager de quelques
semaines, au sein des demi-sang pervertis,
suffit pour réveiller les instincts mystérieux
que le contact des deux races a déposés en
eux d'une façon latente. Le métis porte en
lui-même de nombreuses possibilités de caractères, qui réclament seulement des circonstances pour évoluer.

Ceux qu'une bonne direction a soustraits aux mauvaises influences de la jeunesse peuvent tenir un rang assez sortable dans la vie; mais ces derniers sont plus rares, et je suis forcé de reconnaître que la mauvaise graine germe plus vite que le froment.

Le jeune métis laissé sous la tutelle de la mère, pendant l'adolescence, est perdu sans retour. Il faudrait le tirer, dès l'extrême enfance, du milieu dangereux où précisément ces possibilités de caractère dont je parlais tout à l'heure peuvent soudainement se faire jour.

Je sais que la chose est difficile et je n'ai pas la prétention de donner une marche à suivre à ceux plus directement chargés que moi-même de trouver une solution. J'observe en passant, voilà tout, heureux de recueillir çà et là quelques notes nouvelles.

Pour détruire tout le mauvais effet d'un contact passager, qu'une éducation pratique pourrait corriger peut-être, nous commençons par soumettre le jeune éphèbe à la redoutable épreuve de la réclusion et de l'internat.

L'internat, ce pis-aller, cette abomination de nos méthodes éducatrices, revêt ici des formes destructives, chez une race qui vit au grand soleil, et qui n'a jamais même su construire de prisons pour les criminels de la pire espèce.

L'éducation est, du reste, si peu de chose sur les caractères, qu'on observe, au contraire, que les métis les plus oublieux de leurs origines, sont toujours ceux qui ont reçu la plus forte instruction.

J'ai dix noms devant mes yeux en ce moment, dix noms de demi-sang franco-annamites qui sont restés de longues années en France. Aucun d'eux n'a bien tourné.

Les influences ancestrales pèsent d'un trop grand poids sur les cerveaux des primitifs.

Les effets ne tardent pas à se faire sentir. Le métis, qui, à dix-huit ans, ne rencontre pas chez les siens cette surveillance de tous les instants accompagnée d'une sévérité excessive, montre bientôt qu'il apprécie l'existence vagabonde comme le meilleur de tous les biens.

Notre méthode d'éducation qui n'a qu'un seul but : fabriquer des employés d'administration sans initiative, sans caractère, est le plus dissolvant des systèmes. Le métis, lui aussi, n'a qu'un but, un idéal unique : entrer dans l'administration, trouver une place où le travail soit facile et dont la solde per-

mette de mener une vie sérieuse à la surface, mais désordonnée au fond.

Non seulement il devient un être inutile à
la société, mais il est pour l'avenir sa plus
grande menace. Pour peu que des déboires
lui surviennent, que la vie lui montre ses
dures exigences, l'indiscipline, le désordre
et, souvent, la prison, auront une recrue de
plus. Avec notre système d'éducation, nous
oublions surtout de faire des hommes, de
former le caractère, et de donner une saine
vigueur à l'âme aussi bien qu'au corps.

Nous avons tort de croire qu'il suffit d'inculquer à un adolescent les difficultés de nos
livres classiques, de lui apprendre à écrire
et à rédiger proprement. Cette confusion,
qui consiste à prendre l'intelligence pour le
caractère, est beaucoup plus préjudiciable
chez des Franco-Annamites que chez des
Français ethniquement purs.

A tous ceux qui savent observer et juger
sainement, je dédie cette page d'un de nos
plus grands sociologues modernes [1].

---

1. Aux Antilles, la caste remuante des métis a consti-
tué dans ces colonies, au dire des observateurs, le plus
puissant facteur de désagrégation et de ruine économique.

L'apport insensé de nos libertés dans une société in-

« Cet abîme entre la constitution mentale des diverses races nous explique pourquoi les peuples supérieurs n'ont jamais pu réussir à faire accepter leur civilisation par des peuples inférieurs. L'idée si générale encore que l'instruction puisse réaliser une telle tâche est une des plus funestes illusions que les théoriciens de la raison pure aient jamais enfantée. Sans doute, l'instruction permet, grâce à la mémoire que possèdent les êtres les plus inférieurs — et qui n'est nullement le privilège de l'homme, — de donner à un individu placé assez bas dans l'échelle humaine, l'ensemble des notions que possède un Européen. On fait aisément un bachelier ou un avocat d'un nègre ou d'un Japonais : mais on ne lui donne qu'un simple vernis tout à fait superficiel, sans action sur sa constitution mentale. Ce que nulle instruction ne peut lui donner, parce que l'hérédité

capable de s'en servir intelligemment et de les comprendre a produit des effets désastreux.

Il n'est plus un seul mulâtre dans tout l'archipel qui ne raisonne aujourd'hui sur les questions de politique transcendentale. Leur plus grand désir est de devenir employés de l'État. Pas un demi-sang ne tourne ses regards vers l'industrie ou l'agriculture. La ruine de ces colonies est telle que beaucoup se demandent s'il ne vaudrait pas mieux pour la France de les abandonner.

seule les crée, ce sont les formes de la pensée, la logique, et surtout le caractère des Occidentaux. Ce nègre ou ce Japonais accumulera tous les diplômes possibles sans arriver jamais au niveau d'un Européen ordinaire. En dix ans, on lui donnera aisément l'instruction d'un Anglais bien élevé. Pour en faire un véritable Anglais, c'est-à-dire un homme agissant comme un Anglais dans les diverses circonstances de la vie où il sera placé, mille ans suffiraient à peine. Ce n'est qu'une apparence, qu'un peuple transforme brusquement sa langue, sa constitution, ses croyances ou ses arts. Pour opérer en réalité de tels changements, il faudrait pouvoir transformer son âme [1]. »

L'éducation des métis français se présente donc sous des formes bien difficiles. En dehors de l'éducation paternelle, qui peut exercer une influence directrice sur les possibilités de caractère, nous ne voyons guère comment le jeune homme échappera à la lutte incessante que se livrent dans son âme les bons et mauvais instincts ataviques.

L'influence du père est seule capable de contrecarrer ces mauvais instincts ; ôtez ce

1. Gustave Lebon, *L'Évolution des peuples.*

facteur, le jeune demi-sang laissé à lui-même, ou mal façonné par la fallacieuse surveillance de l'État, est voué aux pires désordres. Il ne me plaît pas d'entrer plus avant dans l'étude détaillée des caractères, pour montrer ce qu'une éducation officielle peut produire sur des cerveaux qui recèlent en germe les qualités heureuses et les vices de deux races dont l'idéal est prodigieusement opposé.

Il faudrait citer ces exemples, *monographier* certains types et mettre à nu les plaies de quelques familles honorables, qui comptèrent dans leur sein d'excellents hommes, d'intelligents colons.

Toutefois, nous constaterons avec amertume l'abaissement notable de la moralité chez la plupart des demi-sang de Cochinchine. Les comptes rendus des tribunaux correctionnels nous en fournissent une statistique désolante. L'éducation première est la seule coupable, dans l'extrême majorité des cas.

La femme, dit l'Écriture, étant un mal nécessaire, il ne s'agit pas de savoir si nous devons continuer à procréer des métis en Indo-Chine ; la question est de connaître les moyens propices pour moraliser ces enfants de l'amour.

L'avenir des filles est, sociologiquement parlant, beaucoup moins grave. Dans un pays où l'amour est si facile, où les liaisons n'engagent à rien, les femmes métisses seront toujours vouées à un plus ou moins grand dévergondage. Ici, l'éducation, pour si forte qu'elle ait été, perd ses droits en face d'un sentiment qui a son origine autre part que dans les conventions sociales.

Il est triste de constater l'inanité des efforts tentés de tous côtés pour arrêter sur la pente fatale du vice les futures éducatrices des sangs-mêlés de demain! Aucune force humaine ne saurait enrayer le mal qui jette profondément ses puissantes racines.

Je sais qu'il existe des exceptions, mais elles sont malheureusement fort rares; neuf fois sur dix, les unions entre Français et métisses annamites préparent à ceux qui les contractent la pire des déceptions.

Toutes les discussions seraient vaines sur un si brûlant chapitre; l'hérédité seule, dirigée dans un sens convenable par les éducateurs du caractère, pourra remédier à cette situation.

L'instruction, le progrès de l'intelligence sont un bien faible appoint sur la moralité des races qui recèlent en germes les éléments opposés de deux civilisations.

Il est prouvé que lorsque deux éléments de civilisation différentes se heurtent chez un individu, la lutte des bons et des mauvais instincts prend une tendance inquiétante.

Le moment n'est pas venu de soulever la question si palpitante des races. Depuis quarante ans à peine que nous sommes en Indo-Chine, l'élément métis n'a pu encore prendre une direction décisive et produire, par sélection héréditaire, des hommes de la valeur d'Aguinaldo et de Rizal. Les temps sont loin, sans doute, où nous verrons les cohortes annamites révoltées, conduites par des messieurs de cette trempe : que ceux qui redoutent cette époque se rassurent pour de longs jours [1].

1. Toutes ces discussions sont peu de chose à côté de la réalité. Que ceux qui observent fidèlement voient autour d'eux où est le mal et tâchent de le comprendre.

Nous avons introduit en Indo-Chine nos théories fonctionnaristes. Sur cent Français, vous en avez quatre-vingt-quinze qui se demandent comment on peut vivre en dehors de l'administration. Comment voulez-vous que la caste des métis ait pu échapper à cette idée dissolvante de l'énergie et du caractère? Combien en avez-vous qui aient essayé de travailler, de réussir en dehors de la protection directe de l'Etat? Mais c'est à cette protection abominable qu'il faudrait les soustraire! Non seulement vous voulez les y soumettre dès la première minute, mais vous entendez rendre toute la collectivité responsable de la procréation d'un métis. Je sais

Mais il serait imprudent de méconnaître la délétère influence de nos méthodes éducatrices et de nier, surtout, que, dans les lois sociologiques, le présent prépare l'avenir[1].

bien que la question est écœurante, que lorsque, comme chez nous, la fibre du sentiment est à ce point irritable, ces discussions ne s'accommodent guère d'un raisonnement un peu dur. Et cependant les leçons de l'histoire sont toujours vivantes, et ceux qui voient plus loin que l'heure présente doivent bien, de temps en temps, s'y arrêter.

1. Ce sont les métis qui, par leurs révoltes et leurs idées séparatistes, ont ensanglanté les îles de Saint-Domingue et de Cuba. Ce sont encore les métis qui, après avoir mis à feu et à sang les possessions péniblement acquises en Amérique du sud par l'Espagne, ont donné au monde européen l'exemple du désordre le plus complet et fourni, enfin, les preuves de leur impuissance à fonder quelque chose de sérieux et de durable.

XVII

LA PUISSANCE DU PRESTIGE

La France en Indo-Chine. — Opinion des Annamites
sur les conquérants. — Naïveté populaire. — La peur
et le prestige. — Les édits impériaux en 1860. — Le
cérémonial administratif. — La perte du prestige. —
Les leçons de l'histoire. — Sombre avenir.

Qu'est-ce que le prestige, et comment
faites-vous pour le maintenir? demandait, un
jour, un missionnaire français à un fonctionnaire anglais, qui gouvernait à lui seul un
million d'habitants dans les provinces du
nord de l'Inde.

— Le prestige...? le voilà!... Et, retrous-
sant sa manche jusqu'au biceps, l'anglo-
saxon montra un paquet de muscles drus
et ramassés, qui indiquaient une force peu
commune.

Sans nier que la force brutale soit le meilleur moyen pour maintenir dans le droit
chemin des populations conquises par les

armes, je crois qu'il existe, pour des nations civilisées, des façons moins directement pratiques, peut-être, mais plus humaines pour gouverner des vaincus.

La domination brutale est nécessaire ; il faut, toutefois, en user le moins possible et laisser croire, avec un minimum de déploiement de forces, qu'on possède une grande puissance dans le pays. Pratiquement, un peuple fort devrait gouverner ses colonies par l'éclat seul de son prestige. Rome tint, avec quelques centaines de cohortes éparpillées sur d'immenses territoires, toute l'Europe connue des anciens.

Les Anglais, de nos jours, nous ont donné cet exemple. Nous constatons avec amertume notre écrasante infériorité, à cet égard.

Mais ne récriminons pas aujourd'hui. C'est en étudiant l'histoire, les mœurs et les coutumes des peuples, en pénétrant leur caractère, qu'on arrive à les mieux connaître et, partant, à les mieux gouverner.

Les âmes candides, qui s'imaginent, d'après les récits de quelques voyageurs naïfs, que les peuples de l'Indo-Chine ont reçu les Français à bras ouverts, comme des libérateurs magnifiques, devront abandonner leur funeste opinion.

Nous verrons ce que pensent de leurs maîtres européens les conquis de 1860.

*
* *

Il serait peut-être intéressant de savoir, aujourd'hui, l'idée que se firent des conquérants, au début de l'expédition, les habitants de l'Indo-Chine.

En 1860, à part les missionnaires cachés dans les chrétientés de l'Annam et du Tonkin, peu de nos compatriotes osaient encore se risquer sur le territoire annamite. Minh-Mang, successeur de Gia-long, s'était fait une gloire politique de les avoir tous expulsés de ses Etats. Son successeur et neveu Thu-Duc ne nourrissait pas, à notre égard, des sentiments moins sanguinaires. Pour pénétrer en Indo-Chine, les commerçants de France devaient braver des édits terrifiants.

Les mandarins avaient semé partout, jusque dans les villages les plus reculés, la haine des marchands *langsa*[1] en les accusant de banditisme et de rapine.

La population est si naïve, que ces bruits s'accréditèrent très facilement. La couronne

---

1. *Langsa* : français, en annamite.

oubliait, après trente ans, les immenses services rendus à la destinée des Nguyen par les pourchassés de l'Occident, dont les ossements blanchis gisaient dispersés dans les campagnes annamites.

Lorsque nos bateaux de guerre parurent dans la baie de Tourane, pour demander raison de leurs hécatombes chrétiennes aux empereurs de l'Annam, les mandarins réagirent de tout leur pouvoir contre l'impression de terreur causée parmi les populations, par cette intrusion soudaine.

L'Annam était invincible, et jamais une poignée d'Occidentaux n'arriverait à dominer les royaumes du Sud.

Ce fut alors un déchaînement d'imprécations et de sarcasmes ; les Français, ramassis de brigands et de pirates sans aveu, étaient fous de penser que la puissance impériale pouvait plier devant leurs menaces.

Le peuple fut convaincu de notre impuissance, à tel point qu'aucun essai de défense ne fut tenté dès les premiers jours. On sait comment les gouverneurs et les Tongdocs[1] assemblés reçurent nos premiers parlemen-

---

1. *Tong-doc* : vice-roi, gouverneur de plusieurs provinces.

taires, sous les murs de la citadelle de Tourane.

Après avoir refusé de laisser pénétrer nos envoyés, ils montèrent en groupe sur les remparts et, se déculottant sans pudeur devant les ambassadeurs français, ils montrèrent à la face du soleil la partie de leur individu la moins honnête et la moins noble.

Les canons de l'*Amiral Page* firent changer quelque peu l'opinion du peuple à notre endroit. Les Français avaient laissé des traces trop vivantes de leur génie et de leur caractère à Hué, la capitale annamite, pour que cette démonstration effective ne portât pas des fruits immédiats.

Toutefois, les courtisans de Hué dépêchèrent dans toutes les directions des émissaires royaux, pour rassurer les populations terrifiées.

Des édits sans nombre affichés dans les villages, dans les marchés et les maisons communes engageaient le peuple à repousser l'envahisseur.

Tout ce que l'imagination en délire des enfantins gouverneurs de Nam-Ky fut capable d'inventer brilla en caractères expressifs sur les *ban-cap* contresignés et scellés de la cour impériale.

Nous fûmes représentés comme des buveurs de sang, des anthropophages, très friands de la chair des enfants et surtout des femmes... Un édit affiché sur les murs et les marchés de Saïgon donne la mesure de la naïveté du peuple annamite :

« — Les Français, disait ce factum, sont des bêtes féroces à face humaine. Le diable les a envoyés pour punir les Annams qui ont abandonné leur sainte religion et foulé aux pieds le culte des ancêtres.

« C'est surtout aux femmes qu'ils doivent inspirer de l'aversion et du dégoût. Ces hommes sont aussi furieux, lorsqu'ils sont en rut, que les chevaux laissés en liberté dans les plaines. Leurs organes sexuels ne sont pas comme ceux des Orientaux. Ils sont placés, chez ces Occidentaux (*thang tay*, terme de mépris dans la langue annamite), sous le menton. Velus comme ceux des sauvages, ces organes sont d'une longueur telle qu'ils peuvent les enrouler plusieurs fois autour du cou ! (*sic*). Malheur aux femmes annamites qui éprouvent leurs atteintes chevalines (*y con ngua ruon cai*), etc., etc.[1] ».

1. Chez les Chinois, les Annamites et, en général, tous les Orientaux, la naïveté n'a point de bornes.

Le père Huc, auteur d'un livre très intéressant sur la

C'était inénarrable et, chose curieuse, personne, parmi ceux qui pouvaient avoir sou-
venance des compagnons de Monseigneur
d'Adran, n'essaya de dissuader les populations. Cet édit, affiché au mois de février
1860, quelques jours avant la prise de Saïgon, fit un effet si prompt et si terrible que la
panique devint inouïe. Les femmes abandon-
nèrent leurs bijoux précieux pour fuir plus
rapidement derrière les lignes annamites.
Les marins de Rigault de Genouilly pillèrent
à qui mieux mieux, bien que des ordres
fussent donnés de respecter une proie facile.
Les vieilles *bayas* annamites n'ont pas encore oublié ces incidents et aiment à les ra-

Chine et le Thibet, rapporte que, dans une géographie
mise entre les mains des enfants chinois, dans une province frontière du nord de l'Empire, on lisait à peu près
le passage suivant :

« — Dans le Pays du Couchant habitent des peuples
extraordinaires, fils du diable et des esprits malfaisants.

Plusieurs ont des oreilles longues comme celles des
chevaux, d'autres ont des visages de bêtes féroces.

Il en existe même un, dans le nord extrême, qui possède un grand trou au milieu de la poitrine, traversant
le corps de part en part. Ces hommes étranges se font
transporter d'un endroit à un autre, à l'aide d'un bambou passé dans ce trou, par deux coolies robustes! »
Durant des journées entières les élèves ânonnent ces
naïvetés.

conter quand on parvient à fixer leurs souvenirs sur ces détails intimes.

Les *congaïs* de l'Annam durent s'apercevoir, avec un étonnement mêlé d'un certain
plaisir, que les hommes de l'Ouest n'étaient
ni plus ni moins conformés autrement que
leurs maris indigènes. Les premières qui
assistèrent, de près ou de loin, au bain des
marins de l'escadre, tranquillisèrent, sans
doute, leurs compagnes à ce sujet.

Le mépris, la haine inconsidérée et tous
ces excès de forfanterie ont fait place à une
terreur mêlée de respect, que la victoire de
Khi-Hoa a rendue encore plus efficace.
L'Annamite a conscience de notre supériorité
écrasante.

Il accepte notre joug et essaie de faire
contre mauvaise fortune bon cœur. Le prestige français est à son apogée. Les officiers
de la marine, tous gens d'éducation et d'intelligence, entretiennent ces sentiments.
Avec une poignée d'administrateurs éclairés,
l'amiral Lagrandière tient en respect toutes
les provinces de la Cochinchine.

Jusqu'à ce jour, l'héritage prestigieux
s'est maintenu intact sur la génération qui
passe. Mais pouvons-nous affirmer que cette
force morale sera de longue durée? Pouvons-

nous enfin dire, en conscience, que nous faisons notre possible pour le conserver?

Un simple coup d'œil jeté sur la génération nouvelle nous permet de constater avec peine combien notre prestige diminue en Annam. Demain, ceux qui vont venir auront peut-être perdu entièrement ce respect du conquérant, profondément buriné dans le cerveau de leurs ancêtres. Une direction nouvelle, produite par une éducation et un contage redoutable, semble s'accentuer chez les jeunes ; nous sommes à la veille de perdre tous les avantages de nos premiers efforts.

Il faudrait entrer dans des détails nombreux pour montrer les vices d'une organisation toujours instable et changeante, les tristes conséquences d'une idée de justice erronée, l'application aveugle d'un Code inadéquat au caractère de ce peuple... Notre système de répression, issu d'un sentiment inconsidéré, trop imbu de libéralisme, notre instruction gratuite, presque obligatoire, donnée sans mesure aux populations rurales, nous préparent une génération qui étonnera peut-être nos successeurs.

Mais, pour bien faire saisir au lecteur les désastreux effets de notre fausse orientation, il faut des chiffres et des exemples, et malheureusement ces exemples ne manquent pas.

Ces vieux colons qui connaissent bien le pays d'Annam nous rendront cette justice, que nos observations sont toujours véritables et empreintes de bonne foi.

Nous ne voudrions pas faire de la peine à un très haut fonctionnaire de la France dont nous ne méconnaissons pas la valeur et qui par bien des côtés se fait remarquer; nous ne saurions donner à un homme de cette situation, dont l'activité est si intelligente, un conseil qui pourrait être pris en mauvaise part. Mais nous lui dirons qu'il s'est bien trompé, le jour où, visitant une école annamite, il disait à un jeune élève venant au-devant de lui avec cette timidité respectueuse, cette attitude humble qui faisait partie, autrefois, du cérémonial administratif : « Lève la tête, mon ami, et réponds carrément ; en France on regarde les gens en face, même les Gouverneurs Généraux ! »

Cette douche de libéralisme outré n'a jamais eu le don de pénétrer la couche épaisse de respectueuse terreur, que deux mille ans d'hérédité ont accumulée sur le cerveau annamite. C'est un langage qu'un rural est inapte à comprendre, mais qu'une répétition incessante, une contagion délétère finiront par faire réfléchir. A quoi bon se gêner avec

un simple civil, quand le plus haut dignitaire, *le roi*!! en prend tant à son aise?
Vous voyez d'ici le travail inductif qui doit
se produire dans ces cervelles de paysans...

Ceci fait bien le pendant d'une réflexion
émise par un éducateur français dans une
classe de grands élèves, dans un collège indigène de la colonie.

On lisait un livre fort instructif où une
invocation à la puissance de Dieu était par
hasard placée.

« — Il n'y a pas de Dieu ! Tous les Annamites sont des crétins de croire à de pareilles
bêtises. Il n'y a que la nature. Dieu est une
invention des curés... »

Il n'est pas possible de comprendre l'effet
que peuvent produire de telles théories, sans
bien connaître le caractère annamite ; elles
paraissent si monumentales, si inconcevables
aux indigènes, que je me sens incapable d'en
noter la portée.

Le cérémonial administratif annamite était
prévu par une longue suite de règlements.
Les *lays*[1], les prosternations, tous ces signes
de respect avaient quelque chose de plus fort,

---

1. Le *lay* est une grande prosternation cérémoniale
que les Annamites font devant les hauts dignitaires, et
devant l'autel des ancêtres aux jours de solennité.

de plus majestueux que les vains simulacres. Les coutumes ancestrales résumaient peut-être à nos yeux révolutionnaires des siècles d'oppression et d'autocratie absolue, mais ils étaient l'expression exacte de la somme de moralité, de discipline et d'obéissance, qui eut sa source aux premiers jours des sociétés annamites.

Ce cérémonial, nous devons le conserver, sous peine de rester incompris d'une population qui voit toujours dans un supérieur l'image de l'État, la représentation la plus haute de la force et de la majesté, dont le monarque est l'expression suprême.

Chaque fois qu'un Annamite se courbait devant un chef de province, il comprenait la portée de sa prosternation adressée, non à une tangible image de la supériorité et de la force, mais au prestige lui-même de la puissance et du pouvoir impérial. Le prestige[1],

---

1. En Cochinchine, la rigueur des lois et des édits impériaux a créé, chez les habitants du Sud, une discipline héréditaire, une obéissance passive, que les facilités de répression maintiendront encore longtemps. Le climat plus énervant a façonné les caractères ; les admirables moyens de défense que la nature a mis dans nos mains rendent notre domination plus assurée.

Mais au Tonkin, où les populations turbulentes sont soumises aux famines, où les impôts sont supportés avec

chez les Orientaux, se compose d'une masse
de petits riens dont la vie journalière est
faite. Tout étant religieux chez le peuple
annamite, on s'étonnera moins, quand on
connaîtra leurs coutumes ancestrales, de les
voir toujours à plat ventre devant le pouvoir.
Et nous trouvons aujourd'hui excessif le
mépris ouvert que professent à notre égard
les Annamites, lorsque, après avoir détruit
chez eux tout ce qui constituait le prestige
moral, nous n'avons laissé subsister que
l'éclat sombre et confus de la force brutale,
sans majesté religieuse, sans cérémonial administratif. Le prestige moral qui embrassait
tout, naguère, dans la vie annamite, s'est
trouvé confiné à l'étroite manifestation des
simulacres devant l'autel des ancêtres, aux
jours marqués par les rites sacrés.

C'est là qu'il reparaît, sans respect humain, comme aux beaux jours de la domination impériale, la veille des grands anniversaires de famille, à l'époque du Têt. Chose
inouïe, incroyable, j'ai entendu dire à des
indigènes qu'ils refuseraient, à l'avenir, de
saluer tel ou tel chef dans la rue. Cette

---

moins de passivité, où, enfin, la rebellion prend toujours
un caractère redoutable, une mauvaise administration
nous préparerait le plus terrible des dangers.

morgue non déguisée a remplacé les coups
de rotin des licteurs du vice-roi, sortant en
palanquin dans les rues de la ville, lorsque
la foule devait s'écarter respectueuse sur son
passage, tout en baissant les yeux. Quel est
l'indigène qui se fût même permis de fixer
les traits du grand gouverneur, représentant
direct de l'Empereur, d'essence toute divine?
Certes, ces coutumes sont d'un autre âge,
mais que l'opposé de ces coutumes sera
triste, si la progression irrespectueuse continue à monter.....

Ces pays, nous ne les garderons pas ; c'est
l'opinion de tous les observateurs sincères.
Minés à la base, par la désorganisation indigène, ruinés par la plaie toujours grandissante du fonctionnarisme, ils verront poindre
bientôt à l'horizon l'heure sombre des déca-
dences.

Les leçons de l'histoire seront-elles un
enseignement pour les conquérants de l'Indo-
Chine? Les vrais Français le désirent sans
oser trop l'espérer.

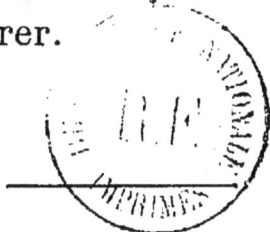

TABLE DES MATIÈRES

MACON, PROTAT FRÈRES, IMPRIMEURS

www.ingramcontent.com/pod-product-compliance
Lightning Source LLC
Chambersburg PA
CBHW070738270326
41927CB00010B/2030